UN DIRIGEABLE AU PÔLE NORD

TEURS CÉLÈBRES

60 c

CAPITAINE DANRIT

in irigeable au Pôle Nord

ERNEST FLAMMARION, Éditeur

CAPITAINE DANRIT

UN DIRIGEABLE AU PÔLE NORD

PARIS
ERNEST FLAMMARION, ÉDITEUR
26, RUE RACINE, 26

Le capitaine Danrit a écrit cet ouvrage pour essayer de convaincre quelque Mécène français de la possibilité d'atteindre le pôle en dirigeable et d'y planter avant toute autre puissance le drapeau tricolore.

Depuis qu'il a assisté aux essais du *République*, vu les plans de l'ingénieur Julliot pour la construction d'un aérostat de 100 mètres de long, constaté la résistance au vent de ce long fuseau effilé et remarquablement maniable, l'auteur de la *Guerre de demain*, de *Guerre fatale*, d'*Invasion jaune*, d'*Ordre du Tzar* et de dix autres ouvrages aimés de la jeunesse, est lui-même convaincu que la réalisation de cette hypothèse est sortie du domaine de l'utopie, et comme rien ne vaut le roman pour incruster une idée dans l'opinion, il a écrit le roman le plus captivant qui soit pour démontrer victorieusement la valeur de sa thèse. *Robinsons de l'air* est le digne pendant de *Robinsons sous-marins* qu'a couronné dès son apparition l'Académie française.

L'Editeur.

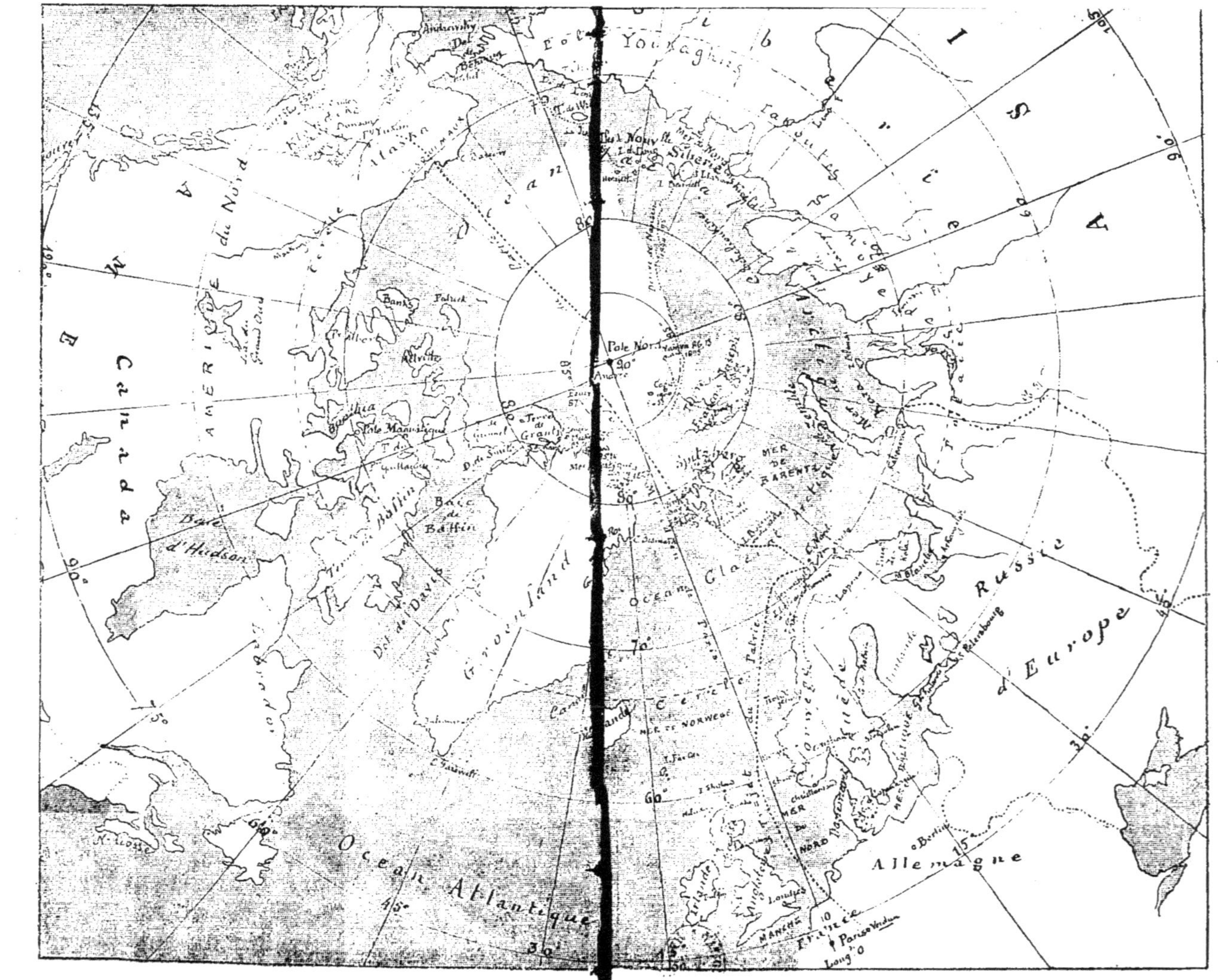

Russie d'Europe
Allemagne
Océan Atlantique
Groenland
Baie de Baffin
Baie d'Hudson
Canada
Amérique du Nord
Asie
Sibérie
Pole Nord
Spitzberg
Mer de Barentz
Mer de Norwège
Mer du Nord
Manche
France
Paris
Berlin
Alaska
Banks

UN

DIRIGEABLE AU PÔLE NORD

Le dirigeable militaire *Patrie N° 2* est venu de Verdun à Anderannes, petit village d'Argonne, pour y étudier l'installation d'un hangar naturel au fond d'un ravin profond et y trouver abri en cas d'atterrissage imprévu.

Pendant que son commandant et le général gouverneur du camp retranché sont au château d'Andevannes, propriété d'un ancien officier, M. de Soignes, et s'y attardent à luncher après avoir décidé de ne rentrer à Verdun qu'à la nuit, Christiane de Soignes, la fille unique du comte, délicieuse jeune fille de 19 ans, habituée à tous les sports et fervente d'automobilisme et d'aérostation, demande et obtient de ses parents l'autorisation d'aller voir de près le merveilleux engin retenu par des cordages spéciaux ancrés dans le sol. Le commandant du *Patrie* charge le lieutenant Durtal, son adjoint, de l'y accompagner et la jeune fille, curieuse de sensations nouvelles devant ce monstre qui se balance, obtient non sans peine du jeune officier d'aérostiers qu'il lui soit permis de s'asseoir dans la nacelle.

Il l'y précède et commence à lui donner quelques explications lorsqu'une automobile surgit et arrive en trombe près de la nacelle, quatre officiers en descendent. Le lieutenant d'infanterie commandant le poste de garde, trompé par des papiers qu'ils exhibent et la qualité de délégués du commandant de l'établissement d'aérostation du Chalais qu'ils prennent, les laisse sans défiance approcher de l'aérostat. Sous prétexte de vérifier la solidité des cordes d'amarrage, ils se portent aux quatre amarres, les coupent à un signal donné, et profitent de la confusion produite par le traînage du ballon pour remonter dans leur voiture et disparaître.

C'est un attentat anarchiste.

Malgré les grappes des soldats qui s'accrochent à ses câbles, le *Patrie N° 2* est entraîné par un vent qui croît rapidement, et quand le lâchez-tout retentit, il s'enfonce, la nuit venue, dans les profondeurs du ciel.

Seule dans la nacelle avec cet officier qu'elle ne connaissait point, Christiane de Soignes s'abandonne à un désespoir qui tourne vite à l'affolement. Que va-t-il arriver? que dira-t-on si jamais elle en revient? quelle atroce inquiétude au château!

Son affolement redouble lorsque le lieutenant lui déclare qu'il n'est pas maître de l'aérostat, la corde de commande du gouvernail étant immobilisée quelque part à l'extrémité du long fuseau de soie.

La nuit se passe dans une angoisse inexprimable et quand le jour arrive Georges Durtal constate avec stupeur que le *Patrie* est au-dessus de la mer du Nord et file droit au nord à la vitesse de cent kilomètres à l'heure.

Il tente de grimper dans les cordages pour libérer la corde qui maîtrise le gouvernail, risque de tomber, recommence sa périlleuse gymnastique en constatant que le *Patrie* va se perdre dans les solitudes de l'Océan glacial et finit par atteindre le gouvernail, après une série d'efforts audacieux qui arrachent à sa compagne des cris d'admiration et de terreur. Le jeune homme a conquis l'enthousiaste jeune fille par son courage tranquille et quand, maître de l'aérostat, il le dirige vers les falaises norvégiennes qui bordent l'horizon, et aborde dans un fjord aux parois abrutes où il échappe à l'étreinte du vent, elle est sous le charme, sa terreur a disparu et elle compare au fond d'elle-même le vaillant que le hasard a mis sur sa route à ces oisifs et à ces snobs qui se disputent à Andevannes sa main et sa dot.

Un superbe yacht, l'*Etoile polaire*, est à l'ancre dans le fjord voisin du cap Nord où vient d'aborder le *Patrie*, et ses matelots aident les naufragés de l'air à atterrir. Ce yacht appartient à un milliardaire américain, Sir James Elliot, qui, accompagné de sa femme et du docteur Petersen, tente de gagner un pari d'un million de dollars engagé avec Sir Astorg, roi du Cuivre. Sir Elliot est le roi de l'automobile et il a parié de monter plus haut vers le nord que le lieutenant Peary qui a atteint 87°6. Toutes ses tentatives depuis dix-huit mois pour franchir le banquise ont échoué ; il n'a plus que quatre mois devant lui pour remplir les conditions de son pari et il en désespère presque entièrement, lorsque l'arrivée du *Patrie N° 2* lui inspire un projet bien digne d'une cervelle américaine.

Pourquoi le lieutenant Durtal ne lui louerait-il pas son ballon pour une semaine? il ne faut que 30 heures à la vitesse normale du *Patrie*, 75 kilomètres à l'heure, pour atteindre le Pôle, soit moins de huit jours pour aller et revenir. Le milliardaire ne regardera pas au prix.

L'officier refuse énergiquement. Il est responsable de cet aérostat vis-à-vis de ses chefs, vis-à-vis du gouvernement français et n'a pas le droit de le louer ; il doit le ramener à son hangar de Verdun. « Ne comptez pas sur moi pour cela », lui notifie alors l'Américain ; et au même moment on apprend que Bob Midy, un nègre aux allures de singe qui court partout et se hisse partout, a occasionné une déperdition d'hydrogène en faisant jouer la soupape du dirigable pour s'amuser. C'est le *Patrie* cloué sur cette grève déserte. Et la discussion entre les deux hommes tourne à l'aigre.

Mais l'Américain, qui voit à quelle nature chevaleresque il a affaire, s'excuse d'avoir voulu peser par un chantage sur la détermination du jeune officier ; il lui fournira l'hydrogène perdu, l'aidera au rapatriement de l'aérostat, mais une dernière fois il le conjure de réfléchir à sa proposition : le pôle Nord est accessible en ballon : le *Patrie* peut l'atteindre, et il convie ses hôtes à le suivre dans la cabine voisine.

Nous entrons ici dans le vif du récit.

*
* *

C'était le carré des officiers. Des instruments, des publications étaient épars sur les tables et une vaste bibliothèque y occupait tout un panneau.

En face d'elle s'étalait une immense carte à grande échelle des régions boréales.

Deux cercles, représentant, l'un, le 70e, l'autre, le 80e degré de latitude nord, y étaient tracés en rouge, et entre eux s'étalaient les rivages d'Asie et d'Amérique, le Groenland, le Spitzberg, la Nouvelle-Zemble, la Terre de François-Joseph et les îles de la Nouvelle-Sibérie.

Du 80e au 90e degré, les latitudes étaient figurées par des cercles moins épais, tracés de degré en degré et entourant le point fatidique :

NORTH-POLE

dont l'inscription attirait invinciblement le regard, car, autour de lui, dans les parties restées blanches, jusqu'au 87e degré, c'était l'inconnu...

Les itinéraires de ceux qui avaient tenté de franchir la barrière glacée étaient marqués par des lignes pointillées de différentes formes, et c'était un enchevêtrement de tracés et d'inscriptions rappelant des noms et des dates, précisant les latitudes atteintes et montrant, mieux que de longs discours, la persistance de l'idée poursuivie par tant d'explorateurs, depuis 350 ans.

— Tenez, lisez tous ces noms, fit le milliardaire, noms de héros que je mets au-dessus des plus fameux conquérants... ou plutôt laissez-moi vous les énumérer, je vous dirai pourquoi tout à l'heure. Et vous, mademoiselle, accordez-moi toute votre indulgence pour cette leçon de géographie... Songez que, depuis quinze mois, mon cerveau est imprégné de tout cela, mes nerfs tendus vers ce point, ma volonté concentrée là...

— Dites, monsieur, fit la jeune fille d'une voix grave. Vous n'imaginez pas, au contraire, combien je vous comprends.

— Le premier en date, commença le milliardaire, c'est Willoughby, à qui la Compagnie moscovite des marchands de Londres avait confié trois vaisseaux; il découvrit la Nouvelle-Zemble en 1553 : premier pionnier du passage nord-est, il mourut de froid sur la côte laponne avec tout son équipage. Et comme il avait ouvert la route, les explorations se multiplient : c'est Piet et Jackmann qui, au seizième siècle, atteignent la mer de Kara; John Davis qui explore le Groenland jusqu'au 72e degré; Hudson, qui monte au 80e degré et meurt, trahi par son équipage, sur un bateau entr'ouvert ; William Baffin qui, en 1616, sur un bâtiment de 35 tonnes, le *Discovery*, parcourt dans tous les sens la mer à laquelle il donne son nom ; William Barentz enfin, qui vient du Texel, découvre le Spitzberg et y meurt.

« Deux cent trente ans s'écoulent ensuite sans une exploration marquante, fit l'Américain après un silence. Il semble que l'homme ait renoncé à franchir ces seuils glacés.

« Mais au dix-neuvième siècle, la fièvre des découvertes boréales reprend de plus belle. En 1827, Parry se lance à nouveau à la conquête du Pôle. Il cherche à l'atteindre sur des barques montées sur roues et traînées par des chiens ; il atteint la latitude 82° 45' sur un glaçon flottant ; en 1831, James Ross découvre en Boothie, par 75° de latitude, le Pôle Magnétique ; puis c'est Franklin qui meurt en trouvant le passage nord-ouest ; Hall, dont le vaisseau, par le détroit de Smith, atteint 82° 16' ; Markham, Lookwood, Payer, qui dépassent le 83e degré ; Wrangell, qui croit avoir vu, au delà de la terre qui porte son nom, la fameuse *Polynia* ou mer libre, chantée dans les légendes des baleiniers scandinaves ; Cook, Moore, Collinson, Mac Clure et le grand Nordenskjold.

« Et pour compléter le martyrologe de ceux qui, après leur mort, servirent encore la science, c'est de Long, dont le vaisseau *la Jeannette* sombre près des iles de la Nouvelle-Sibérie et envoie, trois ans après, des débris de sa carcasse sur les côtes du Groenland, donnant ainsi l'idée à l'immortel Nansen de se confier à la banquise dérivante pour atteindre le Pôle.

« C'est Nansen enfin, — et celui-là, je le salue bien bas, — Nansen, le Suédois, qui abandonnant son navire, dont la dérive ne passe pas assez haut, se lance, avec un seul compagnon et quelques chiens, sur les champs glacés, d'où il est obligé de revenir à la Terre François-Joseph, ayant atteint 86° 13'.

« C'est Cagni, le second du duc des Abruzzes, qui, de la baie de Teplitz, où hivernait en 1900 la *Stella Polare*, sur la côte orientale de l'île du Prince-Rodolphe, exécute une marche audacieuse le conduisant à 86° 34, soit vingt minutes plus haut que Nansen.

« Et, plus à l'ouest encore, c'est enfin notre compatriote Peary — car c'est un Américain qui détient ce record — c'est Peary, dont le navire le *Roosevelt* avait pris ses quartiers d'hiver sur la Terre de Grant, qui parvient, le 21 avril 1906, jusqu'au 87° 6', c'est-à-dire à 220 kilomètres du Pôle!

« Eh bien! monsieur le lieutenant, si je vous ai fait cette nomenclature, peut-être aride et à coup sûr trop longue, devinez-vous pourquoi?

« Comment sonnent à vos oreilles tous ces noms que j'ai passés en revue? Ils sonnent comme des noms étrangers, n'est-il pas vrai?

« Parmi tous ces explorateurs, il n'y a que des Anglais, des Américains, des Hollandais, des Suédois, des Norvégiens, des Russes et même des Italiens... Pas un nom français... pas un, entendez-vous? Ne voulez-vous pas en mettre un?

« Le vôtre ! »

Le milliardaire se tut. Il avait parlé avec une chaleur entraînante et on sentait que cette question lui tenait à cœur par-dessus toutes les autres et qu'il donnerait ses millions pour voir son nom à lui gravé à côté de celui d'un Peary ou d'un Nansen.

Silencieux, Georges Durtal regardait le point sur lequel sir James Elliot venait de poser le doigt.

Lui aussi se sentait transporté vers un idéal nouveau.

Il ne disait plus : « C'est fou », il ne disait pas non plus : « c'est impossible ! », car il connaissait son dirigeable et ce qu'il en pouvait attendre.

« Il se répétait :

« Trente heures !

« Il suffit de trente heures pour atteindre ce point mystérieux vers lequel ont convergé tant d'héroïsmes et de sacrifices.

« Un oui, et trente heures après, c'est un nom français qui s'inscrira ici, triomphalement, en tête de tous ces noms...

« Pour ne pas répondre ce « oui » aux pressantes instances de sir Elliot, il avait besoin de se répéter, comme un leitmotive :

« Je n'ai pas le droit de disposer du *Patrie*, je n'ai pas le droit de risquer sa perte dans une expédition que l'État français n'aurait jamais songé à me confier. »

Et, partagé entre toutes ces pensées contradictoires, il ne répondait pas.

— Un dernier mot, monsieur le lieutenant : veuillez excuser, et vous aussi, mademoiselle, le pitoyable marchandage par lequel j'avais commencé. C'est un peu notre habitude, à nous autres Américains, de traiter toutes les questions comme nous traitons les affaires ; mais cette manière, je n'hésite pas à le reconnaître, est indigne de vous. Si donc vous ne croyez pas devoir accéder à ma proposition, je vous donnerai néanmoins l'hydrogène nécessaire pour vous mettre en état de repartir *où vous voudrez*.

Il appuya sur ce dernier mot, puis gravement :

« Veuillez seulement considérer, acheva-t-il, qu'en partant seul, vous risquez la perte du ballon que vous voulez conserver à votre pays.

« Et veuillez surtout réfléchir que, si vous refusez d'aller au Pôle en ayant le moyen, jamais homme n'aura passé aussi près que vous de l'immortalité... une immortalité qui rejaillirait sur votre pays, monsieur l'officier français ! »

Un silence impressionnant suivit cette éloquente adjuration. Ce fut Christiane qui le rompit :

— Madame, fit-elle d'un air décidé, voulez-vous permettre qu'on nous laisse seuls un instant ? M. Durtal portera sa réponse définitive à sir James tout à l'heure.

EXPÉDITION DÉCIDÉE

Les explorateurs du pôle. — Pas un nom français! L'intervention de Christiane. — La voix des aïeux. — L'élu. — Six passagers. — Fabrication de l'hydrogène. — Installation de la nacelle. — Vêtements polaires. — Le souvenir d'Andrée. — Traîneau automobile. — Le soleil de minuit.

La porte s'était refermée. Christiane se rapprocha de l'officier, plongea ses yeux dans les siens et, avec un accent de décision qu'il ne soupçonnait pas chez elle :

— Monsieur Durtal, lui dit-elle à mi-voix, comme pour mettre plus d'intimité dans cette grave explication, il faut accepter la proposition de cet homme, il faut essayer d'aller au Pôle !...

— Mais, mademoiselle...

— Ecoutez-moi, je vous en prie. Il y a des choses que les femmes sentent mieux qu'elles ne les démontrent, et celle-là en est une. Et puis, comment vous expliquer que la Christiane qui vous parle n'est plus celle qui sombrait au départ dans une terreur instinctive, qu'elle n'est même plus la Christiane d'il y a une heure! Tout ce que cet homme vient de dire m'a retournée. Songez-y! Un acte de volonté, et c'est vous, c'est la France, qui prend la tête de tous ces explorateurs dont il vient de citer les noms. Oh! monsieur Durtal. Je voudrais faire passer en vous la conviction qui vient de naître en moi, de s'imposer à moi irrésistiblement... Croyez-moi, cet Américain a le sentiment du grand et du beau. Il dit vrai : jamais occasion comme celle-là n'a été offerte à un homme, à une nation...

Elle mit le doigt sur le Pôle et, étendant le bras, d'un geste large :

— Voyez-vous le retentissement qu'aurait partout cette surprenante, cette étourdissante nouvelle, tombant en France, en Europe, au moment où l'on y pense le moins : « Le drapeau français a été planté au Pôle par un officier français ! » ? Voyez-vous ces lourdes plaisanteries, qui n'ont pas dû manquer à l'étranger au lendemain de notre accident, les sots commentaires de toute sorte provoqués par la perte d'un second *Patrie*, tout cela s'effondrant dans une rumeur d'apothéose : « Le *Patrie* est au Pôle ! » ?

« Ah ! monsieur, si vous sentiez cela comme moi !... »

Et les yeux dans le lointain de son rêve, Christiane de Soignes joignit les mains.

— Je ressens tout cela comme vous, mademoiselle, fit-il, à mi-voix, lui aussi, et tout à l'heure, quand cet homme nous montrait le cercle d'inconnu se resserrant autour de l'axe du monde par la tenace volonté de navigateurs étrangers, quand il disait surtout : « Pas un nom français parmi tous ces noms de chercheurs et de héros ! » j'avais presque honte de cette constatation et je me disais : « Pourquoi pas nous ? »

— Eh bien ! vous traduisez exactement ce que je pensais au même moment. Alors, concluez comme moi : essayons ! partons !

— Mademoiselle, je le voudrais, mais tout en moi proteste. Laissez-moi vous le redire, avant tout je suis soldat ; *je n'ai pas le droit* — et il articula lentement cette phrase en appuyant sur le dernier mot — je n'ai pas le droit de disposer du *Patrie*. Devant cet argument unique, impérieux, capital, tombent tous mes enthousiasmes. J'en suis responsable vis-à-vis de mes chefs, de ce ballon, responsable, entendez-vous ? Le hasard m'en a fait le maître. Mais, dans ce coin perdu des rivages arctiques, je représente à moi seul toute la hiérarchie militaire. Je dois agir ici comme si j'étais en communication constante avec les chefs de l'armée. Or, il n'est pas douteux que, si ceux-ci pouvaient m'envoyer un ordre, ce serait celui-ci : « Ramenez le *Patrie* à son hangar, où il a son utilité comme engin de guerre, où il peut être indispensable demain ». Là est le devoir.

Christiane de Soignes secoua la tête.

— Non, monsieur, il n'est pas là. Vous raisonnez

en officier, vous ne raisonnez pas en Français, fit-elle avec une vivacité qui se reflétait dans son regard plein de clartés... Ecoutez : je ne sais si c'est la voix d'aïeux très lointains qui, en ce moment, bourdonne dans mon cerveau et me souffle des pensées qui étaient si loin de moi, il y a quelques heures... C'est possible. Je crois à la transmission de la volonté des morts, parce qu'en infusant leur sang à leurs descendants, ils leur ont passé leurs plus pures aspirations et comme des parcelles d'idéal qui n'attendent qu'une occasion pour entrer en vibration... Eh bien, à cette heure, tout vibre en moi, et je me sens remué au plus profond de moi-même.

Elle se tut, et, lentement, comme si elle écoutait des voix mystérieuses :

— Tenez, fit-elle, j'ai entendu souvent raconter par mes parents qu'un des nôtres fut, aux Indes, un compagnon d'armes de Dupleix et de sa femme Jeanne de Castro, la Begum des légendes hindoues. Avec ce grand Français, il lutta contre les rajahs et les Anglais et fut tué au siège de Pondichéry. C'était une âme aventureuse et ses cendres reposent quelque part, sur un lointain rivage. Il ne se serait pas embarrassé d'une consigne étroite, lui. Il aurait vu, au-dessus d'elle, le renom de la France et du roi. Eh bien, qui sait si ce n'est pas lui, cet aïeul mort pour une noble cause, qui réveille en moi des sentiments que je ne me connaissais pas ? Qui sait si ce n'est pas lui qui vous dit par ma voix : « L'heure sonne de faire une grande chose pour la France, ne la laissez pas passer! » ?

Elle se tut de nouveau, ses yeux dans ceux de l'officier, et elle ne parlait plus, que Georges Durtal, profondément remué par cette voix chaude et prenante, l'écoutait encore, remplissant son regard de son idéale beauté, car Christiane était comme transfigurée. La légitime fierté de sa race se réflétait sur son beau visage et, dans sa distinction native, elle apparaissait au jeune officier comme une de ces grandes dames de la « Guerre en dentelles », qui souriaient à leurs chevaliers, en leur montrant, d'un geste gracieux, la direction du champ de bataille.

Il se sentait rapetissé à côté d'elle. Il eût voulu baiser le bas de sa robe, lui dire son admiration et tout ce qui montait en lui de chaude sympathie, de tendresse et de respect. Il eût voulu surtout céder à ses objurgations. Il en comprenait la force, la justesse, mais il se sentait comme tiré en arrière par les mots de « devoir militaire » et de « consigne », qu'on lui avait appris à respecter avant tous les autres.

La jeune fille semblait suivre sur ses traits la lutte intérieure qui le rendait silencieux. Mélancoliquement, elle reprit :

— Plus d'une fois déjà, j'ai regretté d'être femme. J'ai envié ceux qui combattent, ceux qui vont au loin, ceux qui meurent. Je me suis grisée de sport pour me donner l'illusion de l'action, mais je ne suis arrivée qu'à lasser mon corps sans rassasier mon âme. Puis, j'ai rêvé d'être l'inspiratrice d'un acte héroïque, et voilà que l'acte se précise, voilà que l'homme ayant en mains les moyens de l'accomplir est là... Et j'éprouve une émotion indéfinissable en lui disant : « Pourquoi ne voulez-vous pas être l'élu ? »

Sa jeune poitrine battait avec force.

Il se rapprocha, les yeux troubles, lui prit la main qu'elle abandonnait.

— Mademoiselle Christiane, fit-il, très bas, comment me permettez-vous de comprendre ce mot ?...

— Ne le définissons pas maintenant, dit-elle, mais laissez-vous convaincre : tant de raisons devraient vous décider ! Que sera notre retour au milieu des sourires et des sous-entendus des uns, des reproches et des critiques des autres ? Encore, vous n'en souffrirez guère, vous : on est indulgent pour l'homme. Mais moi ?... On n'a le droit de partir comme nous l'avons fait que si on n'en revient pas... ou, si on en revient, avec une étoile au front. Cette étoile, il faut l'aller chercher là-bas.

Et pour la seconde fois, d'un geste impérieux, que tempérait un sourire plein de promesses, elle remit son doigt sur le mot *North Pole*.

Alors il ne résista plus.

— J'irai, fit-il simplement.

— C'est bien, dit-elle, d'une voix pénétrée ; mais ne dites pas « j'irai », dites : « nous irons ». Car Dieu nous a fait une destinée commune, je ne vous quitte pas. Vous avez renoncé aux objections que vous suggérait votre conscience de soldat, je suis sûre que vous m'éviterez de même toute récrimination, si nous ne réussissons pas. Si nous devons rester dans les profondeurs glacées où je vous entraîne, nous y resterons ensemble !... Mais si nous en revenons... ce sera la main dans la main... Le voulez-vous ?

— O Christiane ! fit-il, à voix basse.

— Georges ! murmura-t-elle.

Et leurs mains se joignirent silencieusement.

*
* *

Quand les deux jeunes gens rentrèrent dans la salle à manger, tous les regards étaient fixés sur eux. Sir James Elliot, les lèvres serrées, avait laissé éteindre son cigare, et le savant lui-même semblait gagné à l'émotion de l'attente générale.

— Monsieur, dit Georges Durtal, nous partirons quand vous voudrez.

— Pour le nord ?

— Oui, monsieur, pour le nord.

— Et Mlle de Soignes ?...

— Mlle de Soignes part avec nous.

— Hurrah ! jeta l'Américain, et d'un coup de poing formidable, il ébranla un guéridon et fit sauter verres et bouteilles.

— Vous venez avec nous, miss ! combien je suis heureuse de cette résolution ! fit l'Américaine, dont les petits yeux gris brillaient par-dessus les lunettes.

Et cherchant aussitôt dans sa poche la Bible qui ne la quittait jamais, elle se mit à la feuilleter avec vivacité, pour y trouver les actions de grâces adéquates à la situation.

— Je pars avec mon fiancé, madame, fit délibérément Christiane, et si nous revenons du Pôle, Mme Durtal de la dépêche, ce sera moi.

— Ah! chère miss, quelle heureuse surprise, mais aussi quelle erreur déplorable j'avais faite ce matin!

— Je ne vous en veux pas du tout, madame, au contraire, fit la jeune fille en souriant; sans vous, les choses n'eussent peut-être pas pris la tournure qu'elles viennent de prendre.

— Vous, miss, déclara l'Américain transporté, vous allez être l'ange gardien de l'expédition. A vous dire vrai, je ne partais qu'à contre-cœur avec mon bateau du côté des îles de la Nouvelle-Sibérie, je n'espérais guère y trouver la mer libre de Wrangel; mais c'était ma dernière carte, je la jouais. En dirigeable, au contraire, j'ai la conviction du succès. Vous serez la petite fée qui nous guidera et nous ramènera. Je suis un peu superstitieux, vous savez, comme tous les hommes qui sacrifient à Plutus, dieu de l'argent. Eh bien! je crois à la chance avec vous et je baptise à l'avance du nom de Terre Christiane le glacier sur lequel nous planterons notre drapeau.

— Quel drapeau? demanda malicieusement la jeune fille.

Interloqué, le Yanke ne répondit point.

Ce fut mistress Elliot qui déclara :

— Si Dieu nous accorde cette grâce sans précédent d'atteindre le Pôle, le drapeau américain et le drapeau français devront y flotter côte à côte, au même titre. N'est-ce pas votre avis, miss?

— Pourtant, fit Christiane, le monde entier saura que le *Patrie* est un ballon français !

— Laissons cela, clama l'Américain, et qu'on apporte deux bouteilles d'extra-dry pour fêter cette nouvelle entende cordiale. A partir d'aujourd'hui, monsieur l'Officier, vous êtes le commandant de l'expédition et je ne vous donne plus d'autre titre. Entendons-nous : quand nous serons dans les airs, vous serez le maître, mais quand, pour une raison ou une autre, nous serons ramenés à terre ou sur mer, je reprendrai le commandement de l'expédition. Est-ce convenu ?

Si bizarre que fût la convention, Georges Durtal acquiesça en riant. Tout son bonheur à lui était ailleurs, et à cette heure, il se demandait s'il ne rêvait point et si c'était bien à lui que l'adorable jeune fille avait dit, le ciel dans les yeux : « Voulez-vous être l'élu ? »

*
* *

Quelques instants après, une animation extraordinaire secouait tout le personnel de l'*Étoile-Polaire.*

Sir James Elliot exigeait qu'on ne perdît plus une minute. Le baromètre était à 758 millimètres. C'était, d'après le savant, la certitude d'une accalmie assez longue, consécutive à l'ouragan qui était venu s'éteindre la veille aux environs du Cap Nord. Il fallait en profiter, ce succès pouvant dépendre de quelques heures gagnées ou perdues, et, armé de son autorité de chef de l'expédition, puisqu'elle n'avait pas encore quitté le sol, sir Elliot décréta qu'on partirait la nuit suivante, à minuit, si possible.

Tout le monde allait s'employer à mettre le *Patrie* et ses passagers en état d'affronter le mystérieux et passionnant voyage.

Ces passagers, quels étaient-ils?

Puisque le dirigeable pouvait porter douze personnes en pleine charge, ce n'était pas trop de lui en imposer six. Cinq étaient tout naturellement désignées, mistress Elliot étant inséparable de son mari, Christiane, de son fiancé, et le docteur Petersen, avec son inévitable instrument, était nécessairement du voyage.

Quant à la sixième place, sir James Elliot déclara qu'elle serait attribuée à Bob Midy; et comme Georges se récriait :

— Il nous faut un domestique, expliqua l'Américain. Celui-là est habitué à nous servir; il s'occupera de la cuisine et effectuera tout ce qui est travail de propreté. Il a une qualité rare dans ces régions, rare surtout pour un nègre, il est insensible au froid. Sa manie de touche-à-tout qui vous inquiète et surtout les tendances à l'ivrognerie que je lui reproche davantage, n'auront rien de dangereux dans cet espace restreint, puisque nous l'aurons constamment à l'œil. S'il se fait un jour couper un doigt dans un engrenage, il n'y reviendra pas deux fois. Quant à sa rage de grimper partout, nous aurons peut-être à l'utiliser, en lui demandant des tours de force comme celui que vous avez exécuté vous-même, en vous hissant près du gouvernail en pleine marche.

Et, sur ces considérations, Bob Midy avait été accepté.

Le capitaine Willy Harris, de l'*Étoile Polaire*, avait demandé à faire partie de l'expédition, mais le milliardaire lui avait déclaré qu'il ne pouvait, ni abandonner, ni céder à son second le commandement du navire.

— Vous aurez à nous suivre, Willy, jusqu'au Spitzberg d'abord, puis au delà jusqu'à l'extrême limite des glaces. Là, vous louvoierez en nous attendant. Peut-être, au retour, serons-nous bien heureux de vous retrouver.

Le commandant de l'*Etoile Polaire* fut chargé de réunir et d'amariner dans la nacelle les provisions de bouche de l'expédition. Il fallait compter sur un approvisionnement de vingt jours, afin d'être paré au cas où l'expédition se prolongerait. Il dut en outre compléter le stock d'essence nécessaire en ajoutant six bidons de 80 litres aux 600 litres que contenait le réservoir, veiller à la question importante des armes et munitions : trois carabines, dont une Smith tirant des balles exposibles, furent suspendues au bordage extérieur de la nacelle et pourvues de 200 coups à tirer chacune. Il y avait là de quoi faire une hécatombe de morses et d'ours, suffisante pour nourrir l'expédition pendant six mois.

L'opération la plus urgente était la fabrication de l'hydrogène. Le docteur Petersen l'installa en moins d'une heure, à l'aide de six grandes bonbonnes vides dans lesquelles il empila de la limaille de zinc ; deux tubes traversaient le volumineux bouchon qui fermait chacune d'elles ; l'un d'eux recevait l'eau acidulée destinée à attaquer le métal, et l'autre conduisait l'hydrogène instantanément formé dans un manchon commun aboutissant à l'aérostat. Dès trois heures du soir, l'usine improvisée marchait à souhait, et le savant assura que le regonflement du *Patrie* serait achevé pour minuit.

En prévision de ce notable accroissement de force ascensionnelle, un supplément de lest fut installé dans la nacelle et les câbles qui retenaient le captif furent doublés.

Le vent était d'ailleurs complètement tombé ; la température marquait trois au-dessus de zéro. Le temps était propice à souhait pour ces préparatifs, menés avec une activité fièvreuse, que sir James Elliot avait communiquée à tout le monde.

Lui s'était chargé de disposer à l'avant de la nacelle une tente formée de peaux de rennes et pouvant donner abri aux deux femmes. Pour y maintenir une température supportable, il y fit porter un fourneau à pétrole d'un modèle perfectionné, sur lequel on pouvait en même temps faire fondre de la glace et bouillir dix litres d'eau.

Mais Georges Durtal, qui présidait à l'ensemble de l'arrimage, objecta que, même sous une tente en peau, même avec la distance considérable qui séparait la nacelle de l'aérostat, il était bien dangereux d'installer une source de chaleur dans le voisinage d'une pareille masse d'hydrogène. La difficulté fut surmontée par l'adaptation au fourneau d'un treillage métallique. Le forgeron du bord choisit à cet effet un grillage à mailles très serrées, et l'électricien y installa une mise de feu électrique par l'essence, qui dispensait d'allumer une allumette à l'extérieur du fourneau.

Expérimenté aussitôt, l'appareil fonctionna parfaitement, et, en moins d'une heure, amena à la température d'ébullition les dix litres d'eau de son récipient. En même temps, la température intérieure de la tente montait de 3 à 16 degrés.

C'était un résultat inappréciable pour le moment où les aéronautes aborderaient les 30 ou 40 degrés de froid du bloc polaire.

Quant aux autres passagers, pour lesquels il était impossible de monter une seconde tente, qui eût enrayé toute possibilité de manœuvre à bord du *Patrie*, ils devraient se contenter des sacs en peau, très confortablement aménagés d'ailleurs, dont l'*Étoile-Polaire* possédait un approvisionnement pour tout l'équipage. Un épais capuchon mobile, abritant la tête, mettait les yeux à l'abri du rayonnement atmosphérique, et des peaux d'ours, réparties sans compter au fond de la nacelle, y constituèrent des lits très supportables pour une expédition de courte durée.

— Avec un sac de peau comme ceux-là, Nansen a couché dans la neige, observa sir Elliot; nous serons bien mieux que lui.

Ce fut l'Américain qui se chargea de fournir de vêtements polaires ses deux nouveaux amis.

Partie d'Andevanne en toilette légère, comme il convient au début de septembre, s'étant préservée tant bien que mal contre un abaissement de température de 20 à 22 degrés à l'aide du dolman de cuir trouvé à bord de la nacelle, Christiane de Soignes devait être équipée des pieds à la tête.

Elle le fut sans peine, car si elle était grande, fine et svelte, mistress Elliot était longue, maigre et sèche; ce qui allait à l'une allait à l'autre ; chemises et jerseys de laine, corsages en peau de daim, boléros en mérinos, mocassins lapons doublés de feutre et toques de loutre constituèrent une première enveloppe qui laissait encore aux deux voyageuses une silhouette féminine nettement accusée.

Quand on arriverait dans les régions du « froid noir », elles devraient y joindre des passe-montagnes en fourrure, d'épais caleçons de laine, des guêtres en *vadmel*, sorte de drap très épais tissé par les paysans norvégiens, et des houppelandes en vison. Dès lors elles ne se différencieraient guère que par la voix de leurs compagnons de voyage.

Seul, le savant ne pouvait être confondu avec aucun autre. Sa petite taille, sa tête énorme, sa démarche d'oiseau de basse-cour lui constituaient un profil spécial, reconnaissable dans la plus épaisse obscurité.

Bob Midy avait repris sa pelure simiesque. Il marquait une joie extraordinaire, depuis que son maître lui avait annoncé son départ en ballon. Pendant plusieurs heures, sans se lasser, il fit la navette du navire au canot et du canot à la nacelle, portant les plus lourds fardeaux, et semblant vouloir prouver par là qu'il pouvait, malgré sa paresse invétérée, se rendre utile pendant le voyage.

De plus, à l'extrême surprise de mistress Elliot, il ne songea point, pendant toute la durée des préparatifs, à dérober le moindre verre de whisky, alors qu'en temps ordinaire il louchait constamment sur la vitrine où était renfermé l'approvisionnement personnel du milliardaire, sous forme de hautes et fines bouteilles au collier doré.

Tout le monde, d'ailleurs, dans l'équipage, collaborait à l'appareillage. Le personnel de l'*Etoile-Polaire* se composait de dix-huit hommes, mécaniciens, chauffeurs, électriciens, harponneur, cuisiniers et matelots de pont. Chacun, dans sa spécialité, travaillait avec ardeur ; on savait que sir Elliot voulait partir à minuit, qu'il récompenserait généreusement, qu'il allait se risquer dans une entreprise périlleuse, réparer, par la voie de l'air, es échecs subis dans l'assaut de la banquise depuis quatorze mois, et nul ne marchandait sa peine.

A dix heures du soir, le ballon avait repris sa forme et les plis inquiétants qui se creusaient dans son enveloppe avaient disparu. Les amarres consolidées se tendaient sous la poussée de la force ascensionnelle reconquise, le *Patrie* semblait impatient et de regagner son domaine.

Le premier soin de Georges Durtal avait été de faire l'ascension de l'échelle de cordes conduisant à la soupape, pour s'assurer que celle-ci était intacte et n'avait pas conservé l'un de ses clapets entr'ouverts, à la suite des efforts facétieux de Bob Midy.

Le souvenir du *Géant* de Nadar, qui s'était élevé ainsi en 1863 avec une soupape ouverte et avait fait une chute de 800 mètres, cassant bras et jambes à une douzaine de passagers, était là pour lui rappeler que, de cet organe essentiel, dépendait la sécurité de l'aérostat.

L'officier s'assura en même temps que le jeu des clapets actionné par de puissants tirants de caoutchouc réunis en faisceaux fonctionnait régulièrement. Maintenant, Georges Durtal avait une hâte de partir égale à celle de sir James Elliot lui-même.

C'était son bonheur qu'il allait chercher au Pôle.

Et il se rendait parfaitement compte que si, pour une raison, même des plus probantes, il ne partait pas, il perdrait aux yeux de l'aventureuse et enthousiaste jeune fille une partie du prestige dont elle l'avait revêtu et par lequel elle avait été séduite tout d'abord.

Pour une fille de race comme Christiane, chez qui la noblesse de cœur avait modifié, mais non détruit, les préjugés de caste, le fiancé de son choix devait réaliser le programme du vers de Voltaire :

Qui sert bien son pays n'a pas besoin d'aïeux.

Et jamais il ne retrouverait une occasion comme celle qui se présentait de servir son pays.

D'autres explorateurs étaient venus, apportant leurs ballons pliés sur des navires, et avaient installé sur les rivages du Spitzberg de coûteux hangars, pour y gonfler leurs dirigeables.

L'Europe entière avait suivi anxieusement leurs préparatifs et avait appris avec une immense déception qu'ils n'étaient pas partis, ne trouvant pas les courants favorables, redoutant les tempêtes et la neige. Lui s'était trouvé transporté soudain avec le *Patrie* dans ce hangar naturel qu'était le fjord et, comme si une fée eut présidé à tout cela, voilà qu'il y trouvait un ravitaillement en hydrogène et tous les approvisionnements nécessaires pour affronter le domaine du froid. La saison elle-même était favorable, le thermomètre se mettait à l'unisson.

Et ceci n'était rien : voilà qu'au terme de cette expédition qui n'avait nécessité ni dépenses, ni préparatifs, qui s'ouvrait sous les meilleurs auspices, une récompense inespérée l'attendait.

Certains hommes ne cherchent que la gloire; d'autres lui préfèrent le bonheur intime : sa bonne étoile allait lui donner les deux à la fois.

Et maintenant, il se reprochait ses indécisions, ses hésitations.

Il ne se les expliquait même plus.

Il se disait que, s'il pouvait en ce moment consulter le généreux donateur du *Patrie*, ce Lebaudy, qui faisait de sa fortune un si noble usage et, après lui, ce génial constructeur qu'était l'ingénieur Julliot et le pilote modèle qu'était Juchmès, c'est-à-dire les trois initiateurs du merveilleux effort aérostatique qui avait mis la France à la tête des nations dans le domaine de l'air, leur réponse à tous trois serait : « Partez ! »

Quant au commandant du bord, à ses camarades de nacelle, leur conseil serait le même ; il s'y joindrait seulement le regret de ne pas en être.

Et pour la masse, pour la nation elle-même, la réponse était moins douteuse encore : le sentiment public serait plus nettement marqué que dans les milieux techniques : il pousserait de toutes ses forces à l'expédition.

Même en ces temps attristés, dominés par le matérialisme et le culte de l'argent, la France, avide de sensations neuves et toujours amoureuse d'héroïsme, crierait à cet enfant perdu de sa race :

— Va, tu tiens le pavillon !

Comment avait-il pu hésiter ? Maintenant, les raisons de consigne et de responsabilité, qu'il avait invoquées au début, lui apparaissaient tellement misérables, en face de la grandeur du but, qu'il ne pouvait s'imaginer avoir été arrêté par elles.

Il devait y en avoir une autre.

Et en s'analysant, dans les quelques rares moments de repos que lui laissaient les multiples opérations de l'appareillage, il la trouva.

Cette raison, c'était la peur : il dut se l'avouer à lui-même.

Le Pôle exerçait sur les âmes, il est vrai, une fascination étrange, mais en même temps, il était le dernier mystère de l'exploration terrestre, et ce mystère était plein d'épouvante, parce qu'à sa pénétration trop de victimes volontaires avaient déjà succombé.

Or, parmi elles, il était un aéronaute, un homme, qui n'avait pas craint de se confier avec un ballon sphérique au courant éphémère qui passait, venant du sud, un étranger encore, le Suédois Andrée.

Oui, c'était le souvenir d'Andrée qui avait mis un frisson dans les veines du jeune homme, quand on lui avait proposé de se lancer dans l'inconnu de la mer Polaire, et cette grande ombre devait planer de même sur toutes les tentatives de même nature, puisque ceux qui avaient fait le geste après lui n'avaient osé le faire jusqu'au bout.

Il y avait douze ans de cela.

Un jour de juillet 1897, on avait appris que le Suédois Andrée s'était enlevé de l'île aux Danois, avec ses deux compatriotes Frankel et Strindberg, vingt-trois heures devant suffire à leur aérostat, l'*Aigle*, pour arriver au point de convergence des méridiens.

Et Andrée n'avait pas reparu.

Jamais on n'avait retrouvé trace de l'*Aigle* et de ses passagers.

On les avait supposé engloutis dans la mer qui s'étend entre le Spitzberg et la Nouvelle-Zemble. Ils avaient dû plonger à pic et disparaître à jamais sous les glaces éternelles, car, par le jeu des courants, des vents et des glaciers, des débris de leur ballon eussent dû être recueillis au Groenland, où arrivent, chaque année, des bois flottés de Sibérie.

Jamais Esquimau, Lapon ou Samoyède n'avait trouvé et rapporté en pays civilisé une corde, un instrument, un objet quelconque, révélant, en un point quelconque, le passage d'Andrée.

On n'avait de lui que deux bouées flottantes jetées quelques heures seulement après le départ et disant que « tout allait bien ».

Les pigeons voyageurs dressés dans les îles Lofoden et emportés par Andrée n'avaient jamais reparu à leur colombier.

L'expédition tout entière avait disparu dans l'inconnu mystérieux et troublant du Pôle sans laisser de traces.

Et maintenant, Georges Durtal en était sûr, c'était ce tragique ressouvenir qui lui avait glacé l'âme, au premier moment. Il avait suffi d'un regard de jeune fille pour dissiper cet instinctif effroi.

Si le devoir militaire s'était réellement dressé devant lui dans toute son implacabilité, ce regard, si charmeur fût-il, n'aurait pas suffi.

Maintenant, il n'avait plus qu'une hâte : partir sans perdre de temps.

Sans être superstitieux comme sir Elliot, il estimait qu'il y avait là toute une série de circonstances heureuses dont il ne fallait pas rompre le cours, et l'insistance du docteur Petersen à signaler un retour d'équilibre dans l'atmosphère lui faisait désirer que le départ ne fût pas retardé.

Aussi, ayant revêtu les fourrures que mistress Elliot avait extraites pour lui de la garde-robe de son mari et fait mettre à sa taille, Georges Durtal ne quittait plus la nacelle. Il surveillait l'arrimage de tout. Il avait fait amener une balance du bord, pesait chaque objet et prenait aussitôt note de chaque poids.

Il était obligé de procéder ainsi pour calculer ce qui lui resterait de lest à emporter au dernier moment, et il se proposait, pour ne pas accaparer dans la nacelle une place précieuse, d'arrimer à l'extérieur, le long du bordage, les sacs qui le contiendraient.

A dix heures du soir, tous ses calculs étaient terminés. On avait embarqué à bord 1.826 kilos d'approvisionnements de toutes sortes ; il s'y trouvait en outre 770 kilos d'essence et le poids des passagers représentait 468 kilos.

L'aérostat, la machine, la nacelle et le gréement

comptaient ensemble pour 2.872 kilogrammes.

C'était donc un poids total de 5.936 kilos que le *Patrie* avait à enlever.

Or, sa contenance était de 6.000 mètres cubes, et chaque mètre cube d'hydrogène pur pouvant porter 1 kilo 18, la force ascensionnelle totale de l'aérostat se trouvait être de 7.080 kilos.

La différence entre ce dernier chiffre et celui du poids à emporter, 5.936 kilos, représentait donc le poids du lest disponible, 1.000 kilos en chiffres ronds.

— Mais, goddam! s'écria l'Américain quand il connut ce chiffre, c'est un poids formidable, et nous aurions pu emporter beaucoup plus de choses utiles, du champagne par exemple.

On était à table, et les passagers, réunis dans la salle à manger du yacht pour y prendre leur dernier repas, venaient précisément d'entendre sir James Elliot porter un toast vibrant à l'expédition, en vidant coup sur coup deux coupes d'extra-dry.

— Nous ne serons pas en l'air depuis deux heures, que votre champagne serait gelé, objecta l'Américaine.

— Parfaitement, Cornelia : champagne frappé, rien de mieux! il y a d'ailleurs le whisky, qui, lui, ne gèle pas... Savez-vous que nous aurons besoin de toniques là-bas, commandant ?

— Je doute que la nacelle puisse recevoir un supplément de provisions, fit Georges Durtal, on ne pourrait plus s'y mouvoir.

— Il faudra pourtant bien l'encombrer de votre lest.

— Non, car j'ai fait arrimer les sacs tout autour du bordage, à l'extérieur.

— Parfait. Vous me permettez alors de remplacer quelques-uns d'entre eux par des bouteilles judicieusement choisies et qui n'encombreront pas davantage.

— Si nous emportions le télescope de Foucault, qui est à l'arrière du bâtiment, opina le docteur Petersen... Il ne doit guère peser que deux à trois cents kilogrammes avec ses accessoires. Songez quelle mine d'observations nous pourrions faire avec lui, quand nous serons au seul point du globe où les étoiles décrivent des cercles parallèles au-dessus de l'horizon, quand nous pourrons jouir, pendant quinze jours consécutifs, de la vue de la lune... La lune !... Songez, commandant, que si un jour vous oubliez de remonter les montres, comme il advint à Parry, je pourrai, en observant la hauteur du satellite et connaissant la déclinaison par la *Connaissance des temps*, vous calculer l'heure de Washington à dix secondes près. Songez encore...

— Halte-là! docteur, s'écria l'Américain. Vous y êtes en plein dans la lune, en ce moment. Vous imaginez-vous donc que nous allons trouver un hangar au Pôle et que nous pourrons y stationner ?

— Si Dieu nous permet de l'atteindre, acheva mistress Elliot.

— Si Dieu nous permet d'y passer, vous voulez

dire, Cornelia. Car je m'imagine qu'il doit faire dans ces régions un vent tel que le *Patrie* n'y pourra stationner, même une minute.

— Nous essaierons de faire tête avec l'hélice, si le vent n'est pas trop fort, observa Georges Durtal.

— Il le faut, commandant, il le faut! s'exclama le docteur Petersen. Comment pouvez-vous supposer, sir James, que nous frôlerons le Pôle sans y faire la moindre observation géodésique ? Et mon instrument alors ? Qu'en faites-vous ? Mais sachez, sachez bien, que je compte faire au retour une communication sensationnelle à l'Institut de Christiania. Pour cela, il faut...

Mais l'Américain l'interrompit de nouveau.

— L'Institut de Christiania, docteur, et pourquoi pas celui de New-York, s'il vous plaît ?

— Ah! sir James, c'est que, si je suis américain, d'opinion et d'intérêt, je suis toujours de cœur avec ma petite patrie, la Norvège, qui nous offre en ce moment l'hospitalité. Mon nom vous l'indique, je suis originaire du pays sur lequel règne le bon roi Haakon, et Chicago ne me l'a pas fait oublier. Aussi, je sens mon cœur battre plus vite, depuis que nous sommes sur ses rivages, et dans cette expédition, où deux grands pays, la France et l'Amérique, sont si dignement représentés, vous me permettrez d'en représenter très modestement un troisième, la Norvège.

— Et moi qui vous croyais un Américain pur sang! fit mistress Elliot avec une expression de reproche.

— Dites plutôt un internationaliste, Cornelia, reprit le milliardaire : car j'ai entendu le docteur affirmer un jour que la Science n'avait pas de patrie.

— Oui, on dit cela, et je l'ai dit avec certains snobs, fit le savant en hochant mélancoliquement sa grosse tête, et puis la seule vue d'un de ces fjords m'a rappelé celui de Stavanger, où j'ai passé mon enfance, et m'a retourné des pieds à la tête. Ah! la Norvège, mistress Elliot, le délicieux pays aux cimes déchiquetées, aux ravins ombreux, aux sapins séculaires, aux...

— Par Franklin! interrompit à nouveau l'Américain, voici un Petersen que nous ne connaissions pas!...

Seulement, à vous entendre, mon cher docteur, on ne croirait pas que nous partons dans deux heures, et votre lyrisme va se traduire par une demi-heure de retard. Revenons à notre lest : il était question, n'est-ce pas, commandant, et l'Américain appuya à dessein sur cette appellation, d'utiliser un peu mieux qu'avec des cailloux les mille kilogrammes que vous pouvez emporter?...

— Mille kilogrammes, c'est le poids de trois ou quatre traîneaux et de leurs attelages de chiens, observa le capitaine Harris.

— Il est de fait, reprit à nouveau le savant, que, pour une expédition polaire, c'est une lacune de n'avoir aucun moyen de transport sur la banquise. Si ce ballon nous lâche...

— Attendez, fit l'Américain en se levant... Comment n'y avons-nous pas pensé plus tôt? Cette fois, commandant, il s'agit d'une proposition sérieuse : j'ai apporté de New-York un traîneau automobile, du modèle adopté par un de vos compatriotes, Charcot, dans son expédition antarctique; mais le mien est de la force de cinq chevaux au lieu de deux 3/4. Qui sait si ce tracteur ne pourra pas nous rendre des services? Personne n'y songeait, parce qu'il est à fond de cale et n'a servi à rien jusqu'à présent.

Si nous l'emportions?...

— Quel est son poids? demanda le jeune officier.

— 370 à 380 kilogrammes.

— Ses dimensions?

— Il a $2^{m},20$ de longueur et $0^{m},80$ de large seulement.

— Fort bien. Il peut être arrimé sur le bâti triangulaire situé sous la nacelle. Avec lui il nous restera encore 600 kilogrammes de lest, ce qui est largement suffisant.

— Vous n'oubliez qu'une chose, objecta Willy Harris, avec son gros rire, c'est que, ce traîneau, il n'y a que moi et le mécanicien Heinrich, qui sachions le faire marcher...

Un silence suivit cette fâcheuse constation, mais il fut court.

— Pardon, fit vivement Christiane, du moment que c'est une automobile, qu'elle soit traîneau de quatre, ou limousine de quarante chevaux, je m'y connais, et il me suffira d'une leçon pour être au courant.

— Je vais vous la donner de suite, cette leçon, mademoiselle, si vous le permettez, s'empressa Willy.

— Volontiers.

Et ce ne fut pas le tableau le moins étrange de ce curieux voyage que l'apparition de l'étrange machine sur ce rivage solitaire.

Sa silhouette générale était celle d'un traîneau ordinaire en frêne du modèle norvégien, et l'avant, avec ses semelles recourbées aux larges patins d'acier, n'en différait que par les leviers de changement de vitesse, placés à portée du conducteur.

A l'arrière, le moteur de cinq chevaux était entièrement encagé dans un carter en aluminium qui le préservait de la neige et dispensait du nettoyage quotidien.

Mais l'organe original du traîneau automobile était un propulseur destiné à mordre indifféremment sur la glace ou dans la neige. Il était placé à l'arrière du moteur.

C'était une roue basse à deux jantes, reliées par des raquettes. Chacune de ces jantes était garnie de grappins, sortes de petites palettes en acier destinées à mordre la glace.

Dans la neige pulvérulente, les raquettes assuraient la propulsion à la manière des roues à aubes des anciens navires.

Le curieux véhicule pouvait porter deux personnes, dont les sièges étaient placés l'un derrière l'autre, mais le dossier du second pouvait se rabattre, permettant de remplacer le passager par 2 ou 300 kilogrammes de matériel.

La jeune fille éprouva une joie d'enfant à entendre ronfler le moteur, et, après avoir vu Willy Harris embrayer, démarrer et glisser pendant une centaine de mètres sur la grève, elle prit sa place délibérément.

Le traîneau marchait à six kilomètres à la première vitesse, à onze kilomètres à la deuxième. La roue propulsive était articulée de telle sorte qu'elle pouvait suivre exactement les sinuosités du terrain, et un dispositif spécial limitait sa descente.

Au bout d'un quart d'heure, la jeune fille conduisant avec la plus parfaite virtuosité et à la vitesse maxima du moteur vint, aux applaudissements de mistress Elliot, s'arrêter net au pied de la nacelle.

Une autre particularité distinguait encore le traîneau automobile de *l'Étoile-Polaire*. Il n'avait pas de « silencieux », et les explosions du moteur donnaient l'impression d'un crépitement de fusillade. Ils devaient s'entendre au loin.

Les mécaniciens de *l'Étoile-Polaire* avaient préparé de solides courroies pour arrimer le traîneau aux tubes robustes qui, dans le dirigeable français, servent de jambes de force à la nacelle et atténuent ses heurts avec le sol. L'arrimage en fut fait rapidement et Georges Durtal, pour compenser ce nouveau poids, coupa les cordelettes qui retenaient, sur le pourtour de la nacelle, dix-huit sacs de vingt kilogrammes chacun. Ainsi délesté, le *Patrie* était de nouveau équilibré, et il suffisait, pour l'enlever, d'une rupture de vingt à vingt-cinq kilogrammes dans cet équilibre.

Suspendu sous la nacelle, mais à l'abri de tout choc, le traîneau nuisait peut-être à l'esthétique de l'aérostat, mais il était un élément de réconfort pour les passagers et pouvait devenir pour eux un élément de salut.

Maintenant, tout était prêt. L'air était calme et la masse fuselée de l'aérostat se balançait, d'un mouvement lent et insensible, à l'extrémité des solides filins d'acier par lesquels le maître de manœuvres de *l'Étoile-Polaire* avait suppléé aux amarres coupées à Andevanne. Le soleil venait de passer au méridien, mais du côté opposé à celui où les hommes le voient à midi en deça du cercle polaire.

Il marquait donc la direction du nord, mais, en raison de l'orientation du fjord, il était caché par les falaises, et la plage était plongée dans une ombre opaque.

Soudain, elle s'emplit de la traînée lumineuse que lui envoyait, comme adieu, le projecteur de *l'Étoile-Polaire*.

L'appareillage était terminé. Le *Patrie* n'avait qu'un léger retard sur l'heure fixée pour le départ. Les passagers étaient à bord. Non sans émotion, sir James Elliot et sa femme avaient fait leurs adieux à l'équipage avant de quitter le navire, car le yacht, lui aussi appareillait pour le Spitzberg.

Seuls, six hommes tenaient les derniers câbles. Avant de libérer l'aérostat, Georges Durtal leur prescrivit de s'éloigner de la paroi rocheuse qui l'avait abrité pendant ces quarante heures.

Soudain, le grondement d'un coup de canon ébranla les échos du fjord et se répercuta jusqu'aux gorges des montagnes aux noirs sapins.

C'était le petit canon de cuivre de *l'Étoile-Polaire* qui saluait les partants; c'était l'adieu des marins, impuissants à franchir la banquise polaire, aux aéronautes, qui allaient passer par-dessus.

— Quand vous voudrez... Nous sommes parés, sir Elliot, fit le jeune officier, disposant un sac de lest de vingt kilogrammes sur le bordage de la nacelle.

— Mais vous êtes désormais le seul maître, commandant, je vous l'ai dit... Nous ne sommes plus ici, le docteur et moi, que votre équipage obéissant.

— Mademoiselle Christiane, fit Georges Durtal, c'est à vous qu'il appartient de faire le commandement de départ, car ce départ, il est votre œuvre!...

La jeune fille se rapprocha et, d'une voix pénétrée :

— Georges, fit-elle en français, dites-moi que vous ne regrettez rien, que nos deux cœurs battent à l'unisson...

— Je vous le jure, fit-il. Avec vous j'irai...

— Au bout du monde, acheva-t-elle d'un air

joyeux, et en vérité c'est bien là que nous allons... Donc, nous partons.

— A vos ordres, Christiane !

Et ce disant, il lança au dehors le sac de lest.

— Let go !... jeta-t-elle d'une voix ferme.

Ce n'était plus la jeune fille affolée, tremblante, qui, emportée dans le vent d'orage passant au-dessus de la maison paternelle, se sentait le cœur chaviré à la pensée du foyer qui fuyait à tire-d'aile.

En quelques heures, une âme d'héroïne s'était éveillée en elle. Le but grandiose apparu soudain l'avait transportée ; elle se sentait capable de tous les dévouements et de toutes les énergies, et elle écoutait avec ravissement chanter au fond d'elle-même l'hymne d'amour dont elle commençait à bégayer les troublantes paroles.

Elle se rapprocha encore ; leur émotion était telle, qu'ils ne remarquèrent point le geste de l'Américain : dans le rayonnement de lumière du projecteur, qui suivait la nacelle dans sa rapide ascension, il agitait un drapeau étoilé, le drapeau américain, qu'il avait enlevé de la corne de l'*Etoile-Polaire* et qu'il montrait à son équipage, comme pour lui dire :

« C'est pour sa gloire que nous partons ! »

Il fut compris, car un hurrah lointain lui répondit. Satisfait, il roula le pavillon autour de sa hampe et le déposa au fond de la nacelle.

Mais un geste du savant, ponctué d'un cri d'admiration de Christiane, fit soudain converger tous les regards vers le nord.

Le ballon maintenant dominait les falaises, et là-bas, tout au fond de l'horizon, dans un silence profond, impressionnant comme la symphonie de l'espace, s'irradiait, pareil à la roue de feu d'un char invisible, le soleil de minuit !

AU-DESSUS ET AU DELA DU SPITZBERG

Les enthousiasmes du milliardaire. — Au-dessus de l'Océan polaire. — Les effets du Gulf-Stream. — Une ville polaire : — Advent City. — Le cairn d'Andrée et le hangar de Wellmann. — Les espoirs du docteur. — Le Pôle, berceau du premier homme. — Veille mouvementée. — Une rencontre avec l'île Petersen. Hurrah!

— Ah ! commandant, votre nation est une grande nation !... décidément.

Et ce fut ainsi qu'ayant embrassé du regard les côtes déchiquetées du cap Nord, ses îles frangées d'écume et l'immensité de l'Océan glacial se fondant à l'horizon dans le rayonnement solaire, l'Américain manifesta son admiration.

Car ce n'était pas le panorama qu'il trouvait merveilleux, encore qu'il n'en eût jamais contemplé de pareil, mais son esprit pratique ramenait son regard des plus lointaines échappées terrestres sur le dirigeable, sur cet engin si nouveau, et si perfectionné déjà, qu'il plaçait la France au tout premier rang dans le domaine aérostatique.

Pour qui connaissait d'ailleurs le farouche nationalisme du compatriote de Monroë, son exclamation comportait autre chose qu'un hommage à la patrie du *Patrie* : elle contenait surtout un regret que l'Amérique, cette terre de toutes les audaces, ce pays d'Edison, de Graham Bell et de tant d'autres génies de l'invention, se fût laissé devancer.

Quant à mistress Elliot, elle avait regardé sans mot dire le paysage s'agrandir et les falaises s'écraser sous la nacelle. Elle avait longuement fixé l'*Etoile-Polaire*, devenue coquille de noix, et ses lèvres avaient aussitôt remué pour une instinctive prière. Puis, tirant sa Bible, elle s'était plongée dans la lecture des psaumes de la Pénitence.

Le plus loquace des passagers était Bob Midy, de nouveau recouvert de sa pelure d'homme des bois. Assis à l'avant de la nacelle, les jambes pendant au dehors, sans souci du vertige, il étendait le bras à tout moment, en accompagnant ce geste de courtes exclamations émerveillées.

Le temps était magnifique ; les brumes des jours précédents, dissipées, fondues ; les lointains, reculés, élargis, étaient pleins de transparences, et la mer, calme comme un lac, scintillait au large.

Quant au vent, il était décidément tombé, car, équilibré à 800 mètres, le *Patrie* plana un instant au-dessus du fjord qu'il venait de quitter, sans autre dérive qu'un léger glissement vers le sud-ouest.

La constatation de cette dérive était de règle au départ. Avant de mettre la machine en marche et d'orienter le ballon dans une direction déterminée, il était indispensable aux aéronautes de savoir quels étaient le sens et la direction du courant dans lequel ils allaient se mouvoir.

C'est ce qu'expliqua Georges Durtal à l'Américain, surpris que les hélices ne fussent pas en mouvement dès le départ.

Puis, d'autres sujets détournèrent l'attention des passagers. Derrière un promontoire dénudé, un petit village venait d'apparaître, avec ses maisons de bois, ses chalets aux toits empanachés de fumée, blottis au creux des rochers, et les canots de pêche alignés le long de sa jetée de granit.

— Hammerfest, fit le docteur Petersen, qui avait tiré sa jumelle. Détruite par un incendie en 1890, la voilà rebâtie et plus prospère que jamais. Aucun autre peuple n'a pu bâtir une ville à pareille latitude, ajouta-t-il d'un air sentencieux.

— Pardon, docteur... En Alaska, nos compatriotes...

— Oh ! sir James, que dites-vous là ? Fort-Yukon, le point habité le plus septentrional de l'Alaska, est juste sur le cercle polaire : 66° 32′ 30″. Hammerfest est à 70° 40′ 2″. Il y a 450 kilomètres d'écart... Nous tenons le record, vous dis-je.

L'Américain haussa les épaules : son compatriote redevenait Norvégien, décidément !

Un second coup de canon, tiré par l'*Etoile-*

Polaire, ramena les regards sur le yacht. Un petit panache de fumée noire cachait en partie sa coque d'un gris d'argent. Le navire appareillait.

Ses observations terminées et rapidement reportées par un trait rouge sur la carte détaillée que sir James lui avait fournie et qu'il avait étalée sur une petite table pliante, Georges Durtal mit le moteur en mouvement, embraya les hélices et, à l'aide du gouvernail, fit décrire à l'aérostat un demi-cercle, qui ramena sa pointe vers le Nord.

— Mervellous indeed ! murmura le milliardaire, le regard extasié devant l'enchevêtrement des câbles, le rapidité de rotation des hélices et la complexité des plans, qui différenciaient si profondément le *Patrie* de tous les aérostats connus.

Et aussitôt, il insista auprès de l'officier pour être initié, ainsi que le docteur Petersen, au maniement du gouvernail et à la marche du moteur, car il fallait que lui aussi fût en état de prendre le quart et, par suite, la direction dans quelques heures. Quant au savant, tout en restant chargé plus spécialement des observations, il devait connaître le maniement des organes principaux, pour être en mesure de relayer les deux autres, en cas de besoin.

Quand il eut en main le volant de direction, l'enthousiasme du Roi de l'Automobile ne connut plus de bornes, et mistress Elliot suspendit un instant sa pieuse lecture, pour suivre les premiers essais de dirigeabilité de son mari.

Avec une docilité parfaite, l'avant du dirigeable

s'infléchissait à chaque mouvement du gouvernail. Sir James arriva à décrire un cercle, puis un huit complet ; et ce fut avec la sûreté d'un pilote de profession qu'il fit passer le *Patrie* au-dessus du petit kiosque qui, sur l'île Magero, marque le point géographique appelé Cap Nord.

— 71° 10′ 40″!... proclama le docteur Petersen, dès qu'on eut dépassé ce point. Et il inscrivit sur son carnet de route cette première observation fournie par son précieux instrument.

Son instrument, il le couvait des yeux.

Les mécaniciens de l'*Etoile-Polaire* l'avaient disposé à l'arrière du *Patrie*, sur un entablement spécial, solidement boulonné contre le bordage de la nacelle. Rivé lui-même à cet entablement par de gros écrous, l'appareil défiait tous les déplacements d'équilibre et les chocs les plus violents. Des niveaux d'eau extrêmement sensibles, dans lesquels l'eau était remplacée par de l'alcool coloré, permettaient de lui donner l'horizontalité nécessaire aux observations, quelle que fût la position de la nacelle, et sa lunette principale, se mouvant le long d'un limbe vertical, qui pouvait prendre lui-même un mouvement de rotation sur un cadran horizontal, lui donnait assez l'air d'un canon-revolver. Un siège mobile avait été disposé près de l'instrument, et le savant ayant manifesté son intention de ne pas le quitter, on l'avait garni de coussins permettant un somme au digne homme, dans l'intervalle de deux observations.

Maintenant, le *Patrie* glissait au-dessus de l'Océan Polaire et sa vitesse s'accélérait. Le moteur ronflait avec une régularité parfaite. L'officier du génie vérifia le fonctionnement des graisseurs automatiques, dans lesquels on avait substitué une matière lubréfiante, inaccessible au froid, à l'huile apportée de Verdun. La température se maintenait à trois degrés au-desssus de zéro. Le voyage commençait bien.

Le manipulateur et le récepteur du T. S. F. étaient parés contre le bordage de la nacelle. Georges Durtal lança au dehors la bobine de fil de cuivre de mille mètres de longueur que lui avait fournie le magasin de l'*Étoile-Polaire*. La longue antenne se déroula, toucha l'eau : les dépêches du monde civilisé pouvaient maintenant arriver aux passagers du *Patrie*.

Le service fut organisé par quarts, comme sur les navires. Georges Durtal et l'Américain devaient successivement dormir six heures et veiller six heures. Sir James Elliot fut vite initié à son service. Il n'eût pas été le Roi de l'automobile, s'il eût ignoré le moteur Antoinette, et quelques explications suffirent à lui préciser le jeu des organes d'arrêt et de mise en marche, d'embrayage, de débrayage et de marche arrière.

Une heure après le départ, le savant, en observation à l'arrière, signala l'*Étoile-Polaire*. Le yacht avait quitté son mouillage et venait de doubler le promontoire derrière lequel il était abrité. Maintenant, il mettait le cap sur le Spitzberg, Mais les envolées du *Patrie*, glissant rapidement dans l'air calme, étaient d'autre envergure que celles du navire se traînant à la surface de la mer. Une heure après, ce dernier n'était plus qu'un petit point sur l'eau bleue. Mistress Elliot lui donna un dernier regard et allait reprendre ses méditations, lorsque grelotta la sonnerie d'appel du T. S. F.

Et sur la petite bande bleue qui se déroulait, Georges Durtal traduisit au fur et à mesure la phrase d'adieu qui traversait l'espace :

« L'équipage et le commandant de l'*Étoile-Polaire*
« aux vaillants passagers du *Patrie* et à leurs admi-
« rables compagnes de danger, salut profondément
« respectueux et souhaits enthousiastes.
« Serons à toute heure dans l'attente de nouvelles.
« Hurrah ! »

WILLY HARRIS.

La réponse fut aussitôt envoyée et son texte marquait clairement l'intervention de la pieuse mistress Elliot dans la rédaction :

« Remerciements à tous. Plus que jamais nous
« sommes dans la main du Tout-Puissant. Priez
« qu'il ne rompe point le fil invisible qui nous rat-
« tache à vous. »

ELLIOT.

A cinq heures du soir, dans le nord-ouest, apparut un rocher isolé, que l'américain, reconnut pour l'île Baren, ou île *des Ours.*

— L'île Baren est à 430 kilomètres du cap Nord, observa Georges Durtal ; il est sept heures et demie : nous avons donc franchi cette distance en six heures et demie. C'est une vitesse de 65 kilomètres à l'heure, 10 de moins que la normale, ce qui prouve que nous sommes plongés dans un courant animé lui-même d'une vitesse de 10 kilomètres en sens contraire.

— 65 kilomètres ! Mais c'est merveilleux, étourdissant, répéta pour la dixième fois l'Américain. A cette vitesse, nous pouvons être au Pôle... voyons, c'est aujourd'hui samedi... Avec ce jour perpétuel, on finit par n'avoir plus la notion des jours de la semaine...

— Il est entendu que nous devons arriver le dimanche, à l'heure de la prière, intervint mistress Elliot.

Georges Durtal la regarda pour s'assurer qu'elle parlait sérieusement. S'imaginait-elle que le *Patrie* allait effectuer ce voyage avec la régularité d'un Cook ?

— Il est vrai, fit-il. Nous pouvons être au Pôle demain dimanche, mais pas avant midi. Si nous pouvons soutenir 60 à 65 kilomètres à l'heure, c'est trente-cinq à quarante heures qu'il nous faut, au lieu des trente heures primitivement prévues.

— Arrivons seulement dans l'après-midi de dimanche, fit sir James, et ce sera splendide... Et tenez, n'est-ce pas déjà le pic Horn que nous apercevons là-bas, dans la brume?

Le savant dirigea aussitôt sa lunette sur le point indiqué et déclara aussitôt :

— C'est bien lui.

Une heure plus tard, en effet, un pic éblouissant de neige apparaissait distinctement : c'était la borne gigantesque plantée au sud de ce groupe d'îles célèbres du Spitzberg où les progrès de la navigation et du tourisme amènent aujourd'hui des voyageurs, plus aisément qu'on n'allait jadis en Islande.

Derrière le pic Horn, d'autres pic neigeux se profilaient déjà, et, tout à leur contemplation, aucun des voyageurs ne songeait aux préoccupations, aussi vulgaires qu'impérieuses, du manger et du dormir, lorsque Bob Midy, à l'aide d'une mimique expressive, fit signe à mistress Elliot qu'il avait faim.

— Bob a raison, dit l'Américain, qui avait pris le quart à hauteur de l'île Baren, et qui s'acquittait de ces importantes fonctions avec une extrême attention ; il faut mettre dès maintenant de l'ordre dans nos repas, manger et dormir par bordées, comme sur un bâtiment, de manière qu'il y ait toujours au moins deux d'entre nous éveillés.

Les passagers du *Patrie* firent honneur au repas que le nègre, sous la direction de mistress Elliot, tira des cantines à vivres, repas froid, mais plantureux, où les conserves les plus fines alternèrent avec les meilleurs vins de l'*Étoile-Polaire*.

— Et maintenant, mesdames, fit Georges Durtal, il faut prendre des forces et vous reposer.

Mais mistress Elliot et Christiane se récrièrent toutes deux à la fois. Elles voulaient voir défiler les côtes du Spitzberg.

Seul, le savant, après avoir relevé la latitude du pic Horn, quand le *Patrie* le laissa par le travers, 75° 26′ 3″, s'assoupit tranquillement sur son siège.

Il était onze heures quarante-cinq du matin.

A une heure du soir, Georges Durtal reprit le volant de direction.

On arrivait à la magnifique baie du Sund, type grandiose de structure glaciaire, entourée de tous côtés de montagnes aux formes fantastiques.

Puis au fond de la baie suivante, Advent-Bay, une petite ville, se montra au bord de l'Icefjord.

C'était Advent-City.

Cette ville se composait de sept à huit maisons seulement; pour attirer l'attention de ses habitants, l'Américain tira un coup de fusil qui réveilla le savant en sursaut. Quelques hommes sortirent et se mirent à gesticuler, en proie à un étonnement bien explicable. Des cris montèrent vers le ballon.

— Ce n'est pas le hurrah saxon, fit le savant, c'est le salut norvégien.

Cette fois l'Américain se récria. Le docteur Pétersen abusait décidément de son origine et des souvenirs qui le rattachaient à une nationalité perdue, pour accaparer, au profit de son ancien pays, des supériorités de toutes sortes.

— Quand on a l'honneur d'être Américain, conclut le milliardaire, on ne doit rien trouver au-dessus de ce titre. C'est le *Civis romanus sum* de l'antiquité.

Mais Christiane ne l'entendait pas ainsi et prit le parti du savant.

La discussion s'anima jusqu'au moment où, obliquant un peu vers l'ouest, Georges Durtal amena l'aérostat en face d'une véritable muraille de glace, plongeant à pic dans la mer.

C'était l'île du Prince-Charles, séparée du Spitzberg par un long couloir d'une centaine de kilomètres.

Vue par le travers, elle ressemblait, tant son glacier était régulier et abrupt, au mur d'argent d'une ville fantastique, et pendant plus d'une heure, le *Patrie* le longea sans essayer de le dominer, sous les regards extasiés de ses passagers.

Puis, ce furent de nouveaux glaciers, qu'interrompaient de distance en distance des taches circulaires dépourvues de neige.

Le savant assura que ces cirques noirâtres n'étaient autres que des volcans éteints, mais, d'après le Hollandais Barentz, qui avait fait le tour de l'archipel, il devait exister encore, dans la partie orientale du Spitzberg, un volcan en activité, comme l'Hécla en Islande.

Et comme le docteur Petersen commençait un exposé sur la probabilité de trouver là aussi des geysers, ou sources d'eau jaillissantes, une exclamation de Christiane l'interrompit.

Au détour d'une sorte de promontoire aigu, véritable môle qui semblait fait de main d'homme, une petite rade apparut au fond d'un hémicycle de montagnes, et une sorte de hangar parabolique, dont il ne restait plus que les fermes d'acier dressées sur la grève, attira tous les regards. A côté de lui, une baraque, des pièces de bois abandonnées sur la grève et tout près du rivage, un *cairn* ou pyramide, dressé là comme un signal géodésique.

— Voici Virgo-Bay, fit le docteur.

— Et ceci est le hangar de Welmann, ajouta l'Américain.

Le *Patrie* s'était maintenu depuis le départ à une hauteur presque invariable de huit à neuf cents mètres. Sur la demande de ses compagnons, et bien qu'il répugnât par-dessus tout à sacrifier de l'hydrogène, Georges Durtal consentit à descendre à quatre cents mètres à l'aide de quelques coups de soupape. En même temps il arrêta le moteur, décrivit un demi-cercle, et bientôt l'aérostat plana, presque immobile, au-dessus de l'île aux Danois.

Aucun être humain n'apparaissait, et les coups de feu que tira l'Américain n'eurent d'autre effet que de faire fuir à toute vitesse, dans la direction des montagnes, quelques rennes errants sur la grève.

Silencieux, les passagers du *Patrie* laissaient flotter leurs regards sur ce coin de terre, si célèbre dans les fastes aérostatiques.

C'est de là qu'était parti Andrée, le Suédois, pour cette course au Pôle d'où il n'était pas revenu, et cette pensée mettait une indéfinissable mélancolie au cœur de ceux qui, maintenant, se lançaient sur ses traces.

Seraient-ils plus heureux?

Où seraient-ils, dans deux jours?

Quand le ballon se rapprocha du sol, Christiane discerna, au sommet du « cairn », une croix de pierre : c'était le monument élevé par ses compatriotes à la mémoire du disparu.

— Pauvre Andrée! fit la jeune fille. C'était un idéaliste, un courageux!...

— Welmann devait partir en 1907, puis en 1908, fit Petersen, et finalement il a dû renoncer à sa tentative. Je crois d'ailleurs qu'il y avait pas mal de bluff dans son cas.

— C'est une erreur, docteur, affirma l'Américain. J'ai connu Welmann. Seule, la persistance du vent l'a empêché de s'élever ; j'ajoute que c'est fort heureux, car, s'il avait réussi, je n'aurais pas insisté comme je l'ai fait auprès de M. Durtal, et nous ne serions pas ici. Ce qui tente dans ces voyages de découvertes, c'est la place de *premier*. Quand on aura été au Pôle *une fois* et qu'on aura constaté que c'est un morceau de glace comme ceux qui l'entourent, ou une sorte de mer intérieure entourée de banquises, ou peut-être un rocher, on croira sur parole celui qui aura eu l'immortel honneur d'y descendre *le premier*, et on n'y retournera pas.

— C'est une erreur, affirma vivement Petersen, une erreur énorme ; et si le Pôle est une terre, j'ai la conviction qu'une puissance boréale, comme la Norvège ou le Danemark, aura à cœur d'y construire de suite un observatoire.

— Oh! s'écria l'Américain...

— Comment! fit Petersen, mais ce sera, je l'espère bien, l'œuvre de ce siècle. Est-ce que la géodésie, la science des formes de la terre, n'attend pas, d'observatoires installés au Pôle, la démonstration de l'aplatissement du sphéroïde terrestre? Est-ce que nous n'avons pas à constater en ce point le nombre des oscillations du pendule et, par suite, les variations de la gravitation? Et la Météorologie? Et l'Insolation? Et le Magnétisme? Et tant d'autres sciences, qui attendent, des phénomènes observés sur l'axe terrestre, confirmation de tant de principes ou d'hypothèses contestées?

— Nous repartons, fit Georges Durtal, jetant au dehors un sac de lest.

Mais, tout à l'exposé de rêves longtemps caressés, et dont la réalisation se rapprochait, le savant s'était levé, et comme s'il eût été dans un amphithéâtre :

— Et la Paléontologie? madame, rugit-il, prenant à partie directement mistress Elliot, qui n'en pouvait mais; devinez-vous ce qu'elle a à attendre de notre découverte de demain, cette science des fossiles?... Ce ne sont plus des ossements que nous trouverons là-bas, mais des animaux entiers, conservés par l'éternel froid. Ne vous souvient-il pas que le savant russe Pallas, chargé d'une mission scientifique par Catherine II, trouva, aux embouchures de la Léna, un mammouth fossile, dont les écailles et les muscles adhéraient encore à la peau ? Vive Dieu ! Je vous ferai faire là-bas, madame, un repas antédiluvien, entendez-vous ?

Nous mangerons des côtelettes de diplodocus et du gigot d'iguanodon !

Et, les fouilles ?... Mais de même qu'on a trouvé, dans les îles de la Nouvelle-Sibérie, des dents de pachyderme pesant plus de soixante-dix-kilos, de même je me fais fort de découvrir là-bas de véritables bancs d'ivoire fossile.

Quelle richesse, sir James!...

Et, dans le ronflement du moteur, qui venait de remettre les hélices en mouvement, le docteur Petersen poursuivit, le bras levé, avec un accent de religieuse conviction :

— Il y a autre chose, sir James. Je suis partisan, moi, du système de Laplace sur la formation de notre système solaire et de la condensation, par anneaux concentriques, de la nébuleuse originelle... Or, si cette haute hypothèse scientifique est vraie, — et elle doit l'être — si l'axe de rotation s'est peu déplacé dans notre sphéroïde, si les Pôles, en un mot, ont conservé à sa surface la même position, voyez quelle impressionnante conclusion nous en pouvons tirer...

Il baissa la voix, et, lentement, comme s'il eût parlé dans un temple, sous le coup d'une mystérieuse émotion :

— Cette conclusion, fit-il, c'est que les régions

polaires ont été les premières à se refroidir, à permettre l'assiette de la croûte géologique, donc à servir de lieu de production pour les êtres organisés. Or, la science nous dit que ces êtres, rudimentaires d'abord, sont devenus plus complexes et corrélatifs à chaque assise terrestre... Concluez vous-même.

Et comme nul ne concluait, faute sans doute de comprendre, il éclata soudain :

— C'est donc au Pôle que s'est d'abord manifestée cette entité sacrée qui s'appelle la *Vie*. C'est là que nous trouverons les vestiges des premiers hommes! Ah! messieurs, quel horizon!...

— Voilà une hypothèse que je n'aurais jamais osé me permettre, fit sir James en riant : retrouver là-bas le squelette d'Adam!...

— Et moi, ce n'est pas comme cela que je m'imaginais le Paradis terrestre, fit Christiane, en montrant le paysage aride et sauvage qui, de nouveau, défilait sous leurs pieds.

Ce fut une douche jetée sur l'enthousiasme du savant, et il se rassit, en jetant sur ses deux interlocuteurs un regard d'incommensurable pitié.

— Maître, fit Georges Durtal — et ce terme respectueux reconquit le savant, — voici, je crois, Wertegen Hook, et c'est là que nous quittons les dernières terres connues... Le point s'impose.

Une courte observation, une lecture sur le limbe vertical, et sir Julius Petersen proclama lentement avec solennité :

— Nous venons de franchir le 80e degré de 2′ et 3″.

Partis du 70°, nous sommes donc à moitié chemin. Mesdames, nous n'avons plus que 1.100 kilomètres à faire.

Une dépêche enthousiaste fut rédigée à l'adresse de l'*Etoile-Polaire* pour être transmise à New-York par l'une des stations de T. S. F. de la côte norvégienne, Tromsöe ou Bergen.

La réponse arriva aussitôt ponctuée de hurrah et c'était véritablement un réconfort de toutes les heures que ce lien invisible qui rattachait à leur foyer flottant ces explorateurs de l'air.

Le savant marqua sur son carnet :

6 heures du soir : température — 7°.

Le froid en effet était venu, aggravé encore par la vitesse propre de l'aérostat. Dans la tente réservée aux deux femmes, le fourneau à pétrole fut allumé ; les sacs de couchage furent disposés pour la nuit. Déjà Bob Midy, après un copieux dîner, ronflait outrageusement dans le sien, au fond de la nacelle.

Devant le *Patrie*, la mer s'étendait à perte de vue, libre encore sous la caresse du soleil permanent. Derrière elle, les Alpes du Spitzberg s'abaissaient. Elles étaient les dernières bornes du continent connu. Maintenant c'était l'envolée hardie sur la mer déserte, froide mer d'argent, déjà semée, ici et là, d'icebergs scintillants, et où l'œil cherchait en vain la silhouette aiguë d'une voile.

Plus haut encore, c'est la banquise. c'était le mystère !

— Alors, si Dieu le permet, demain matin, nous

serons au Pôle, insista mistress Elliot avant de se retirer.

— Je n'ose l'espérer, madame, fit le lieutenant du génie ; ce serait trop beau...

A huit heures, l'Américain vint relever Georges Durtal :

— Voici mon heure de quart, fit-il ; il vous faut prendre du repos, commandant. Qui sait ce qui nous attend dans quelques heures d'ici ? S'il arrive quoi que ce soit, vous le savez bien, nous ne pourrons compter que sur vous. En présence d'un ouragan, par exemple, vous seul saurez s'il faut fuir ou tenir tête : vous aurez besoin de toutes vos forces.

— J'aurais voulu attendre la banquise...

— Elle peut être encore loin.

— C'est vrai. Je vais donc essayer de dormir quelques heures, mais je ne m'y déciderai, fit-il en se tournant vers Christiane, que quand je vous aurai vue rejoindre mistress Elliot sous la tente et prendre vous-même du repos.

— Je le veux bien, dit-elle, mais à la condition qu'en reprenant votre quart, vous me réveillerez...

— Pourquoi vous priver de sommeil ?

— Je veux être à vos côtés pendant ces dernières heures... C'est un moment solennel, Georges.

— Moi, Christiane, je crains bien que le bonheur ne m'empêche de dormir...

— Il le faut pourtant, pour être vaillant demain... A deux heures du matin, n'est-ce pas ? vous me réveillerez, c'est promis ?

— Promis, Christiane.

Leurs mains se cherchèrent et, avant de disparaître sous la tente, la jeune fille lui jeta un nouveau bonsoir dans un dernier sourire.

Le savant avait décidé de veiller avec l'Américain. Il voulait trouver l'étoile polaire dans sa lunette en y adaptant des verres fumés, car cette étoile étant de troisième grandeur seulement, la lueur solaire la rendait invisible. Quand il la tiendrait au bout de son objectif, il ferait à son sujet des observations d'heure en heure.

— Vous me réveillerez, si vous constatez quoi que ce soit, recommanda Georges Durtal, en se glissant dans son sac de couchage et en rabattant sur sa tête un épais capuchon, destiné à préserver les yeux contre le rayonnement atmosphérique.

Avant de s'étendre, il demanda encore :

— Quelle température, sir James ?

— Elle baisse sensiblement, répondit le docteur : —12°

Trop agité pour dormir, le jeune officier interrogea à nouveau, une heure après :

— Rien de nouveau, sir James ?

— Non, la machine va très régulièrement, mais le froid est vif et il me semble que notre vitesse augmente.

— Vous ne vous trompez pas, sir James, fit le savant ; nous venons d'atteindre 81 degrés 51′ 15″. Nous avons progressé de près de 2 degrés en trois heures : c'est du 72 à l'heure.

— Admirable !

— Alors, demanda l'officier, le vent aurait tourné ?... car il nous aide en ce moment ?...

— Sans doute.

— Vous êtes sûr de la direction du compas ? demanda à son tour le savant.

— J'ai pris la déclinaison magnétique que vous m'avez donnée, docteur, 44 degrés 11′.

Et vous tenez compte de sa variation progressive, sir James ?

— Bien entendu. Elle croît, m'avez-vous dit, de 1 degré 8′ par degré de méridien parcouru... Est-ce bien cela ?

— Parfaitement. Quand nous serons au Pôle, l'aiguille magnétique fera avec notre direction actuelle un angle de 62° 40'.

Georges Durtal commençait à s'assoupir, quand une exclamation de l'Américain rompit le silence.

— La banquise !

Il se leva aussitôt. Il l'attendait impatiemment, cette banquise, que les explorateurs rencontrent plus ou moins haut chaque année suivant l'intensité de la chaleur solaire et la direction des courants. Cette année-là, elle se trouvait exceptionnellement haut.

Le jeune homme s'accouda sur le bordage.

Sous la nacelle, des milliers de blocs de glace flottaient, enfants perdus du grand glacier polaire, scintillant sous les rayons d'un soleil oblique et pâle comme une lune d'hiver.

Un peu plus loin, vers le nord, une ligne blanche continue barrait l'horizon.

En quelques minutes, le *Patrie* l'eut atteinte.

Tout au bord, c'était une sorte de tapis glauque et mouvant. Ici et là, il se crevassait, laissant passer d'immenses vagues lourdes et opaques; puis, les solutions de continuité disparurent; des blocs de glace colossaux, semblables à des bornes posées sur la route du Pôle, émaillèrent, de leurs ombres portées très longues, la blancheur des champs de névé, et la banquise polaire se déroula, immense, désolée, immaculée...

— 82° 43' 17" ! avait proclamé le savant.

— Je serais bien surpris si nous trouvions la mer libre au Pôle, fit l'officier.

Et quand, après une heure de muette contemplation, Georges Durtal se glissa de nouveau dans son sac de peaux, une sorte de quiétude avait remplacé le qui-vive sur lequel il vivait instinctivement depuis le départ. Si une chute se produisait, si le ballon descendait sans excès de vitesse, au moins ne risquait-on plus le plongeon dans l'eau glacée...

Pour le marin, la mer libre au Pôle eût été le rêve.

Pour l'aéronaute, la banquise valait mieux.

*
* *

Il était près de cinq heures du matin, lorsque sir James Elliot réveilla l'officier.

En constatant l'heure tardive à laquelle il allait prendre son quart, Georges Durtal bondit hors de son sac de fourrures.

— J'ai dormi comme une brute, s'excusa-t-il. Vous auriez dû me réveiller à deux heures, sir James.

— Non pas; vous êtes jeune, vous avez besoin de sommeil et je vous aurais laissé encore une heure ou deux à vos rêves bleus, si je n'étais vaguement inquiet dans cette brume où nous venons d'entrer : on dirait que nous n'avançons plus.

L'Américain tendait au jeune homme une lourde pelisse.

— Mettez vite cela, fit-il, et surtout enfilez vos moufles. Le thermomètre descend d'une façon continue depuis minuit. Il est tombé de 16 degrés et marque — 28°. Dans sa dernière observation, Petersen a vu ses doigts se coller sur le limbe de son instrument... Il a failli y laisser un centimètre carré de peau.

— Où sommes-nous?

— La dernière observation remonte à quatre heures : 85° 28'.

— Nous marchons bien : 5 degrés en dix heures ; nous nous maintenons aux alentours de 60 de moyenne.

— Oui, mais il me semble que la vitesse se ralentit... Peut-être n'est-ce qu'une illusion, due à ce qu'on ne voit plus rien autour de soi.

— Quel singulier temps !

Ce n'était plus, en effet, l'atmosphère lumineuse et profonde de la nuit précédente. Le ballon semblait flotter dans une buée, dans un nuage de poudre impalpable. On devinait le soleil roulant à l'horizon, on ne le distinguait plus. Tout était blanc, l'air, la nacelle couverte d'un givre pulvérulent; les cordages hérissés de cristaux transparents; la tente elle-même, sous laquelle reposaient les deux voyageuses, était comme saupoudrée de grésil.

— J'ai dû jeter exactement 126 kilos de lest pour nous maintenir à 600 mètres, dit encore l'Américain, et malgré cela nous baissons toujours.

— Rien d'étonnant, avec ce dépôt de givre...

— Nous n'avons toujours pas à craindre de descendre sur la mer libre... avec une température pareille... Voyez, nous voici à — 30°.

— C'est vrai, mais il peut se trouver un autre Spitzberg d'ici au Pôle, ce n'est pas la place qui manque, et, avec cette brume qui nous masque tout, nous irions nous écraser sur un glacier, sans nous en être douté deux minutes auparavant.

— Songeriez-vous à ralentir?

Georges Durtal réfléchit un instant.

— Dans une expédition comme celle-là, sir James, il faut faire la part de l'aléa... Que je monte à mille mètres en jetant beaucoup de lest, je puis trouver devant moi des hauteurs de quinze cents mètres comme le pic Horn, et je n'aurai réussi qu'à sacrifier du lest en pure perte.

— C'est très juste.

— Quant à notre vitesse, que je la réduise à trente, et même à vingt kilomètres à l'heure, si le bec du *Patrie* rencontre un glacier, le ballon n'en a pas moins son avant aplati, et nous sommes cloués là, tout comme si nous marchions à soixante.

— Donc, commandant?...

— Donc à la grâce de Dieu, sir James!... Je vais garder l'altitude de six cents mètres et continuer à toute vitesse.

— A la bonne heure! clama l'Américain. Si nous touchons, nous le verrons bien. Voilà un caractère comme je les aime, et vous seriez bien plus digne d'être de Chicago que ce Norvégien de Petersen... Tenez, il ne pense guère à nous faire le point... entendez-le ronfler.

— Il n'a guère dormi depuis le départ, le digne homme; laissons-le. Je le réveillerai dans une heure... Et vous, sir James, vous avez bien gagné votre repos, n'en perdez plus une minute.

L'Américain ne se fit pas prier deux fois, et quelques instants après il dormait à poings fermés, faisant écho à Bob Midy, roulé en boule près de la tente.

Georges Durtal resta seul.

Devait-il tenir sa promesse à Christiane et la réveiller par ce froid noir?

Il avait promis. Il appela à mi-voix :

— Christiane!

— Georges?

La réponse ne s'était pas fait attendre. La jeune fille ne dormait pas.

— J'ai voulu voir, fit-elle, en passant sa jolie tête blonde hors de la tente, si je pouvais compter sur vous pour les petites choses comme pour les grandes... Vous aviez promis : je vous attendais...

— Eh bien ! j'ai failli ne pas tenir.

— Oh ! comme vous auriez eu tort, comme vous m'auriez fait de la peine ! Voyez-vous, Georges, je ne comprends la vie à deux qu'avec la confiance absolue, en tout et pour tout...

Elle se disposait à sortir.

— Je vous en prie, fit-il, restez à l'abri ; vous n'imaginez pas dans quel froid nous sommes entrés depuis quelques heures... La figure est coupée.

— J'ai ma houppelande, et tout est prévu : il y a une sorte de masque adapté au passe-montagne...

Elle sortit, complètement emmitouflée, mais, femme avant tout, elle n'avait pas mis le masque. Elle s'extasia sur la blancheur du brouillard, sur l'aspect féerique des cordages scintillants, bouscula le nègre en passant, sans provoquer autre chose qu'un court grognement, et vint s'asseoir près de l'officier.

— Dieu, qu'il fait froid ! fit-elle.

Puis, sans transition :

— Vous savez, l'autre nuit, quand je vous ai refusé votre pelisse pour prendre le paletot de cuir d'un aérostier... je l'ai regretté presque aussitôt... Je vous aimais déjà, mais j'étais mécontente, furieuse contre moi-même de sentir cette sympathie monter si vite...

— Vous m'aimez donc, Christiane ? En êtes-vous

sûre au moins? J'ai peur que vous ne soyez dupe vous-même d'une attraction passagère : le danger..., l'émotion...

— Non, ne doutez pas, Georges. Il me semble que je vous attendais depuis longtemps. J'aime le courage, le caractère... je n'aurais jamais pu lier ma vie à celle d'un homme quelconque, à la nature falote, au tempérament bourgeois. On avait pensé pour moi à un agent de change, j'ai ri au nez de mes parents... J'avais fait une foule de rêves, entrevu une vie de voyages et d'aventures extraordinaires, un mari n'ayant peur de rien... et voilà qu'avec vous tout cela se réalise d'une façon inouïe, dépassant tout ce que mon imagination avait pu supposer des fiançailles comme celles-là! des fiançailles conclues par ma seule volonté, un tête-à-tête dans l'espace, un voyage comme on n'en trouve que dans Jules Verne... S'ils se doutaient de tout cela, à Andevanne!...

— Que diraient-ils ?

— Je ne sais, mais si nous en revenons, ils diront comme moi. D'abord, ils m'aiment... et puis, il le faudra bien, fit-elle d'un petit air décidé.

— Et votre cousin d'Hellouville ?...

— Oh ! celui-là !...

Elle fit un geste qui le jetait par-dessus bord, délibérément, et se rapprochant :

— Voyez-vous, Georges, je ne comprends pas l'amour de deux êtres sans que des dangers communs, des épreuves, de vraies épreuves, leur aient montré qu'ils pouvaient s'appuyer l'un sur l'autre pour le restant de leur vie. Les trois quarts et demi du temps, on n'a pas l'occasion de faire l'expérience : on prend un bellâtre, un homme bien élevé, ou bien renté, puis, un beau matin, on s'aperçoit qu'on a épousé un pleutre ou un inutile. Moi, j'aurais adoré l'époque où les chevaliers se battaient pour leurs dames, où les mariages se concluaient après les tournois, où la question de dot n'était pas tout, où la femme se blottissait contre une poitrine d'homme, parce qu'elle savait que, dans cette poitrine, battait un cœur vaillant. Etant dans ces idées, je m'étais d'abord promis d'épouser un officier ; et puis, après tous les événements de ces derniers temps, j'ai vu qu'il y avait parmi eux, en haut surtout, des défaillances de caractère navrantes, et je me suis rabattue sur mon cousin d'Hellouville, qui s'est battu en duel avec un préfet et qui monte en course.

Elle s'interrompit.

— Quel froid! On dirait qu'il augmente.

— Le thermomètre se maintient : — 31 degrés, c'est relativement peu à cette latitude, mais la vitesse de marche rend la morsure plus rude...

— Ce pauvre d'Hellouville !... J'aurais déjà dû lui dire oui depuis six mois... Le bon Dieu savait bien ce qu'il faisait en arrêtant le mot sur mes lèvres : je vous attendais.

— Christiane, fit-il d'une voix pénétrée, je ne puis vous dire combien ce bonheur si imprévu me bouleverse... me trouble... Il y a des moments où je me demande si je ne suis pas en proie à une hallucination continue et si je ne vais pas me réveiller dans ma chambre, à Verdun...

— Et vous, poursuivit-elle d'une voix chaude, que pensez-vous de cette jeune fille, que vous ne connaissez pas, qui se jette à votre tête et qui vous force à l'aimer, alors que vous étiez à cent lieues peut-être de penser au mariage ?

— C'est vrai, fit-il, j'en étais à cent lieues, parce que je ne pouvais pas supposer que la destinée vous réservait à moi, parce que je n'aurais jamais osé songer à vous. Mais dès la première minute, à Andevanne, j'ai été sous le charme... Tenez, quand vous m'avez demandé de vous accompagner jusqu'au ravin, il m'a semblé que quelque chose allait changer dans ma vie... Et quand le ballon est parti, faut-il vous l'avouer, j'ai senti, tout au fond de moi, une joie secrète... J'allais être seul avec vous, vous sauver peut-être... Et maintenant, je bénis la destinée qui a tout arrangé ainsi...

Il s'interrompit, sonda le brouillard, et frappant à petits coups le limbe de la boussole :

— Depuis que nous sommes dans ce nuage de glace, fit-il, il y a des moments où il me semble que nous n'avançons plus...

— A quelle distance sommes-nous encore du Pôle ?

— A quatre heures du matin, nous étions à 85 degrés 28′, c'est-à-dire à 500 kilomètres. Il est sept heures quinze, nous avons dû faire 180 à 200 kilomètres ; nous n'en serions donc plus qu'à 300 kilomètres. Mais il faudrait faire le point, et ce brave docteur dort de si bon cœur...

— Bah! allons toujours! Qui ne risque rien n'a rien.

— C'est ce que je disais à sir James, un brave homme...

— Oui, un brave homme, s'il ne veut pas accaparer pour son pays la découverte que nous allons faire... J'espère bien que vous ne lui permettrez pas ?

— Voulez-vous que je vous réponde franchement ?

— Il faut toujours dire les choses franchement.

— Eh bien! en ce moment, je ne pense qu'à vous ; je ne tiens qu'à une chose : vous ramener saine et sauve... Et quant au Pôle...

Elle se récria :

— Non, ne dites pas cela... Moi aussi, je pense au bonheur de demain, mais aussi à cette grande chose qui peut être accomplie aujourd'hui, dans quelques heures... Eh bien! notre drapeau doit passer avant le leur... Qu'ils le veuillent ou non, le *Patrie* est français, vous en êtes le maître, il faudra le dire bien haut.

— Arrivons-y d'abord ensemble, ma Christiane, et surtout, revenons-en!...

Et, tout près l'un de l'autre, insouciants du froid qui mordait âprement, ils écoutèrent un instant leurs deux cœurs chanter l'hymne éternel.

Si cet hymne avait été chanté au Pôle par le premier homme et la première femme, si la théorie de Laplace était vraie, c'était la chaîne interrompue qui se renouait : l'Eve moderne, de tentatrice, était devenue inspiratrice.

Ils causèrent longtemps encore. Elle lui fit raconter sa vie, étaler ses ambitions. Il avait commencé l'étude d'un aéroplane monoplan, muni d'ailes battantes. Il la poursuivrait. Ils échafaudèrent des projets, organisèrent leur intérieur et, les yeux fixés sur l'aiguille aimantée, grisé par la douceur de cet abandon, Georges Durtal manœuvrait machinalement les drisses du gouvernail, sans plus songer au baromètre, lorsqu'un choc violent ébranla toute la nacelle...

Elle s'inclina, se redressa, se pencha de nouveau, et un paquet de fourrures, d'où sortaient des cris perçants, roula dans les jambes des deux fiancés abasourdis.

C'était mistress Elliot, dont la voix vinaigrée eût réveillé tout le monde et Bob Midy lui-même, si le choc ressenti n'eût suffi à mettre tous les dormeurs sur pied.

Georges Durtal se pencha vers le baromètre, et ses traits exprimèrent une stupeur indicible.

— Tenez-vous bien, s'écria-t-il !

— Qu'y a-t-il ? Qu'arrive-t-il ?

Sans répondre aux dormeurs qui s'effaraient, l'officier, coup sur coup, jeta au dehors trois sacs de lest.

Puis, tout bas à Christiane :

— Nous sommes descendus de 550 mètres..., jusqu'au niveau de la mer : le baromètre marque 35 mètres.

Il lança au dehors deux autres sacs de lest.

— Tenez-vous bien !

Un nouveau choc se produisit. A demi redressés, mais n'ayant pas eu le temps de sortir de leurs enveloppes de peau, l'Américain et le savant roulèrent l'un sur l'autre, pendant que Bob Midy, redressé tout à fait, mais encore mal éveillé, s'aplatissait de tout son poids sur mistress Elliot.

Les cris de l'Américaine redoublèrent et un brouhaha intense régna pendant un instant dans l'étroit espace.

— Ne craignez rien, Christiane, je suis là, fit Georges Durtal à mi-voix.

Et, cramponné d'une main au bordage, il la saisit d'un bras vigoureux et la maintint avec force contre lui.

C'était le geste de l'autre nuit. Mais combien différente était la situation ! Christiane ne songeait plus guère à échapper à l'étreinte et il n'y avait, dans ce péril imminent suspendu sur leurs têtes, qu'un stimulant de plus. Le danger avait été l'origine de leur amour ; il en était aussi l'aiguillon. Quoi qu'il pût arriver, elle était prête à tout, du moment qu'il était là, contre elle, et toute sa peur se résuma dans ce seul appel :

— Georges !...

— Je reviens... Tenez-vous bien.

Il l'abandonna de nouveau un instant pour consulter le baromètre. L'aiguille marquait 85. Georges Durtal détacha du bordage un sixième sac de lest, puis un septième, et les lança au dehors.

Il entrevit confusément au-dessous de la nacelle des masses blanches tachetées d'ombres, qui s'enfuyaient à une vitesse désordonnée...

Qu'étaient ces reliefs aux formes fantômatiques ? Blocs erratiques de la plaine boréale, hummocks polaires, moraines de glace, amoncellements d'icebergs comprimés entre deux parties de la banquise ?... Nul ne le sut jamais.

Mais ce qui frappa surtout l'officier, ce fut la vue du traîneau automobile aux trois quarts détaché de ses supports par les chocs qui venaient de se produire et pendant lamentablement à deux mètres au-dessous de la nacelle, retenu par une dernière courroie.

Si ces 350 kilos se détachaient soudain, le *Patrie* ferait un plongeon vers les étoiles, et, au lieu de 32 à 35 degrés de froid, ses passagers feraient connaissance avec les températures extrêmes éprouvées par l'homme, 60, 65 degrés... plus peut-être.

Il revint vers Christiane. Une seule pensée emplissait son cerveau : qu'un nouveau choc se produisît, qu'elle lâchât prise, les doigts raidis par le froid, et, projetée hors de la nacelle, elle disparaîtrait dans ce désert glacé sans qu'aucun secours humain pût la sauver.

Avec elle, tout ce qui l'attachait maintenant à la vie disparaîtrait.

Non, tout!... excepté cela. Et, serrés l'un contre l'autre, ils attendirent.

Le choc redouté ne se produisit point. Le ballon remontait rapidement. Quelques minutes après, le baromètre marquait 430 mètres.

Chacun, dans la nacelle, reprenait son équilibre ; les questions se croisaient ; mistress Elliot, sous la poigne vigoureuse de son mari, recouvrait peu à peu ses esprits et refusait énergiquement de réintégrer sa tente, où elle avait reçu un heurt violent du fourneau à pétrole. Le docteur Petersen examinait son instrument avec une anxiété qui se traduisait par des apartés dans toutes les langues.

Ni l'un ni l'autre n'avait songé à jeter un coup d'œil sur le baromètre.

Enfin Bob Midy replaçait l'une sur l'autre les caisses de conserves parties à la dérive au milieu des peaux, des sacs et des passagers.

Tranquillisé sur l'imperméabilité de l'enveloppe par cette ascension continue, Georges Durtal jeta un coup d'œil rapide sur les hélices. Elles continuaient à tourner avec leur bruit d'ailes régulier et froufroutant. Elles n'étaient donc ni brisées, ni faussées, et seulement alors le lieutenant du génie respira.

Car tout ce qui venait d'avoir lieu n'était imputable qu'à lui seul. Il en avait conscience d'une façon absolue et sans réplique.

Il avait cessé d'observer le baromètre pendant une demi-heure peut-être. L'aérostat avait continué à embarquer du givre, la descente s'était accentuée, et le choc s'était produit au niveau même de la banquise. Sans la béquille de protection dressée sous la nacelle, les deux hélices en touchant eussent été brisées comme verre.

Christiane suivait attentivement le regard de son fiancé. Elle le vit passer l'examen des câbles de suspension, embrayer et débrayer les hélices et lorsqu'elle l'entendit déclarer à mi-voix : « Deux câbles rompus seulement », elle respira à son tour, car, en elle aussi, la conscience se faisait accusatrice.

— La faute est à moi seule, Georges, murmura-t-elle.

Il secoua doucement la tête, et le regard d'infinie tendresse qu'ils échangèrent, nuancé d'un sourire complice, voulait dire :

« Nous sommes seuls à le savoir » !

Cependant, l'Américain monologuait bruyamment :

— Voilà l'aléa dont vous parliez, commandant... et nous nous en tirons à bon compte... Mais, dites-moi, une hauteur supérieure à 500 mètres ne peut être qu'une terre, île ou continent... et une terre nouvelle... Aucun doute là-dessus.

Il appuya sur ces mots « terre nouvelle » avec une satisfaction où perçait tout son appétit d'anglo-saxon.

— Il faut donc la noter soigneusement sur nos cartes, commandant.

Georges Durtal regarda Christiane. Elle était déjà remise de ses émotions et se penchait au dehors, pour dissimuler la gaîté où la plongeait cette conclusion imprévue.

Ainsi donc se faisaient certaines découvertes géographiques !

— Si le docteur veut bien nous faire le point, dit l'officier...

Le savant, très affairé, faisait jouer la lunette de son instrument.

— Vite, docteur, s'écria l'Américain, le point au plus vite !... et il faudra tenir compte du chemin parcouru ?... Avez-vous remarqué l'heure exacte du choc, commandant ?

L'officier fit signe que non.

— Alors, hâtez-vous, docteur, et dans votre propre intérêt... Car, si nos amis français ne s'y opposent point, nous appellerons cette île, l'île Petersen.

— Vous me comblez, sir James, bredouilla le Norvégien, mais ce maudit choc a pu dérégler mon instrument et il faut que je vérifie préalablement l'horizontalité du plateau...

— Il vous faut aussi un point extérieur à viser, dit Georges Durtal, et, par cette brume, le soleil ne vous offre aucune visée précise.

— Aussi n'ai-je pas recours à lui, fit le savant, que ses gros gants embarrassaient fort pour serrer et desserrer les vis des niveaux à alcool. Mais les étoiles de première et même de deuxième grandeur sont visibles en plein jour dans un verre approprié et quel que soit le brouillard... J'en trouverai toujours une disponible. Hier, j'ai pris Véga, de la Lyre. Si je ne la retrouve point dans le champ de ma lunette, je vais prendre la Chèvre de la Constellation du Cocher. Connaissant la position de chacune d'elles à quelques secondes près, à l'heure précise de la visée...

Il n'achova point, tout imprégné de son infaillibilité scentifique, et enveloppa son instrument d'un regard attendri.

— Par bonheur, reprit-il, aucun organe n'a souffert et la précision de l'appareil reste entière... Pour plus de sûreté d'ailleurs, quand nous aurons un soleil moins flou, je procéderai à une vérification, par un procédé dit de retournement, infaillible pour accuser les erreurs de collimation. Il consiste...

— Docteur, docteur, interrompit l'Américain qui redoutait une explication ardue, votre étoile!... Trouvez-la vite : il nous faut le point de l'île Petersen.

— Je cherche... je cherche... Voyons dans Andromède...

— Dites-moi, commandant, fit l'Américain, maintenant que vous voilà remis de cette chaude alerte, ne trouveriez-vous point plus prudent de nous maintenir à une altitude supérieure à celle où nous étions quand ce choc s'est produit?

— C'est aussi mon avis, hasarda Christiane, regardant malicieusement son fiancé. Nous étions peut-être un peu bas tout à l'heure, Georges, ne pensez-vous pas?

Le jeune officier acquiesça, sans pouvoir réprimer un sourire, et les yeux bleus de la jeune fille pétillèrent de gaîté.

— L'île Petersen, fit-elle, nous nous en souviendrons, Georges, de celle-là... A quand l'île de Bob-Midy?

Elle reprit son sérieux quand l'Américaine lut quelques versets de circonstance empruntés à saint Luc.

— Je tiens Pollux, des Gémeaux! clama le savant.

Il lut une graduation, consulta un petit volume qui ne le quittait point et sur le dos duquel on lisait « *Nautical almanach* », et proclama :

— 87 degrés 9'.

Puis, d'une voix grave :

— L'île Petersen, — ou du moins le point que nous en connaissons dans le rapide contact qui s'est produit, — peut donc être située par 18 degrés 21 de longitude est et 87 degrés 8 de latitude nord.

— Combien dites-vous? interrogea vivement l'Américain penché sur la carte... Nous sommes à 87 degrés 9?...

— Oui, sir Elliot, à une minute près.

— Mais alors, hurla le Roi de l'automobile, j'ai gagné mon pari, moi!...

A TRAVERS LA BRUME POLAIRE

Dépêche au « Roi du cuivre ». — Procès-verbal de record. — Pour dominer le brouillard. — Montée à 2.000 mètres. — L'insupportable froid. — Coup de soupape fatal. — Pour enrayer la chute. — L'aérostat devient aéroplane. — Fuite de l'hydrogène. — L'intervention de Bob Midy.

Mistress Elliot répondit à cette triomphale constatation par un cri perçant. Dans la gamme de ses cordes vocales, ce cri donnait la note de la joie la plus intense.

Ils avaient gagné leur pari !...

Leur pari !... Ils l'avaient un peu perdu de vue, depuis le départ; tant de sensations nouvelles s'étant interposées !

Il n'en constituait pas moins une aubaine formidable d'un million de dollars.

Par un de ces jeux auxquels se complaît le hasard, c'était à peu près au moment de la rencontre du *Patrie* avec la fameuse île Petersen que l'aérostat avait franchi la minute du méridien qui établissait le record du Pôle : 87 degrés 9.

Le célèbre navigateur Peary, avec ses 87 degrés 6, était dépassé.

Cinq millions de francs, c'était évidemment un beau denier, même pour un de ces potentats que la démocrate Amérique a baptisés Empereurs ou Rois, mais la confusion de sir Hobson, Roi du cuivre, devant son pari perdu, serait encore meilleure à déguster.

Une des clauses de ce pari était que sir Elliot devait tenir lui-même son adversaire au courant de tous ses déplacements, par le T. S. F. quand il serait au large; par les bureaux télégraphiques, quand il relâcherait dans un port quelconque.

Conformément à cette clause, une dépêche avait été envoyée, via Hammerfest, au « Club de l'Industrie » de New-York l'avant-veille, et à cette heure, sir Hobson se frottait les mains, en constatant que l'*Étoile-Polaire* n'avait plus que quatre mois de répit, dont un d'été seulement, et qu'elle était à l'ancre dans un port norvégien.

Evidemment, il considérait son pari comme gagné.

Et la dépêche qu'il allait recevoir par le T. S. F. le plongerait dans une indicible stupéfaction.

L'Américain la rédigea de suite, aussi complète et aussi claire que possible, et elle fut expédiée par Georges Durtal, pendant que le savant remplaçait, pendant quelques instants, l'Américain de quart au baromètre et à la direction.

— C'est l'heure de son bridge, fit le Roi de l'automobile : il va recevoir cela au Cercle même : malgré son beau flegme, ce sera un coup : je donnerais dix ans de la vie de ma belle-mère pour voir d'ici sa tête.

— Aoh ! protesta Cornelia scandalisée.

A peine les dernières étincelles des ondes hertziennes venaient-elles de fulgurer dans la brume, que le premier mot de réponse de l'*Etoile-Polaire* arrivait dans l'appareil du *Patrie*.

C'était le mot : Hurrah !

Willy Harris faisait connaître qu'il arrivait en vue du Spitzberg, qu'il comptait atteindre la banquise polaire le lendemain lundi dans la nuit, et qu'il ne cesserait d'y croiser, en attendant les dépêches avec une fiévreuse impatience.

Sir Elliot pria Georges Durtal de télégraphier encore qu'il accordait double solde à l'équipage du yacht, à partir du jour où il avait gagné son pari et qu'il donnerait une gratification de mille dollars à chaque homme, s'il arrivait au Pôle.

Ce fut l'occasion pour les passagers de s'émerveiller à nouveau des progrès fantastiques faits par la science depuis une trentaine d'années.

Ainsi, les explorateurs précédents qui avaient risqué leur vie dans les solitudes arctiques, étaient restés de longs mois, des années même, séparés du reste de l'humanité.

Nansen, Cagni, Peary eux-mêmes, pour ne parler que des trois derniers, n'avaient pu faire connaître le point extrême atteint par eux qu'en regagnant, le premier la Norvège, et les deux autres leurs quartiers d'hivernage.

Pour l'expédition aérienne, le monde entier allait en connaître le résultat le lendemain même du jour où il serait obtenu.

Si le Pôle était atteint le dimanche, le *New-York Herald* ferait connaître au monde entier cette sensationnelle arrivée le lendemain lundi.

C'était inouï !

Le milliardaire eût bien voulu célébrer, la coupe en main, le gain de son pari ; mais Bob Midy expliqua, dans son sabir natal, que tout ce qui était liquide à bord, depuis l'extra-dry jusqu'au whisky, était solidifié, en même temps que les bouteilles étaient fendues.

Il en était tout le premier dans le marasme, car ces longues fiasques exerçaient sur lui une véritable fascination.

Il fallut donc se contenter d'établir, sans toast préalable, le procès-verbal relatant le passage du 87° 9.

Le docteur Petersen en fut chargé, et, pour cela, admis sous la tente, où le poêle à pétrole élevait la température d'une quinzaine de degrés. Là, il rédigea, au crayon, le document qui devait faire foi au « Club de l'Industrie » de New-York.

Sur la rédaction détaillée qui en fut lue et où il était question de l'île Petersen, le lieutenant du génie fit remarquer qu'il était peut-être imprudent, dans un document officiel, où ne devaient figurer que des précisions géographiques, de faire mention d'une terre que nul n'avait vue et où l'expédition n'avait pas eu le loisir de s'arrêter.

— Nous ne l'avons peut-être pas vue, fit la voix aigre de mistress Elliot, mais nous l'avons sentie, et, pour mon compte, j'en rapporterai une luxation à l'épaule.

Sur cette affirmation péremptoire, le procès-verbal fut signé par les cinq passagers, Bob Midy n'ayant aucune espèce de valeur à bord comme facteur humain.

Puis on luncha rapidement. Mistress Elliot offrit à chacun un verre d'eau bouillante obtenue sur son fourneau, après y avoir fait dissoudre quelques cristaux de sherry-brandy, et il fallut se hâter de l'absorber, car le froid avait atteint — 37° et on risquait, en s'attardant à déguster l'excellente boisson une minute, à ne plus trouver qu'un petit bloc de glace colorée au fond de son verre.

Pour être certain de l'exactitude des données qui servaient au docteur Petersen à faire le point, Georges Durtal le pria de le faire à nouveau à dix heures précises.

La latitude trouvée fut 87° 50'.

— Avec quelle étoile opérez-vous, docteur?

— Maintenant, toujours avec *Pollux*. Non seulement c'est une étoile de première grandeur et elle ne peut être confondue, dans cette région, avec aucune autre, mais encore elle a auprès d'elle l'étoile *Castor*, de troisième grandeur, que je devine plus que je ne la vois dans mon objectif, et qui me sert de contrôle.

— Ainsi donc, le Pôle ne serait plus qu'à 240 kilomètres, la distance de Paris à Verdun ou à Dunkerque, fit Georges Durtal en se tournant vers Christiane.

— Oh ! fit la jeune fille, je suis sûre maintenant que nous l'atteindrons !...

— Pardon, interrompit le savant, avez-vous tenu compte de l'aplatissement polaire ?

— Comment cela ?

— Vous n'ignorez point que, si un degré du méridien vaut dans la zone tempérée, à Paris par exemple, 111 kilomètres 132 mètres, il ne vaut plus que 110 kilomètres 560 mètres à l'Équateur, mais qu'en revanche il mesure 111 kilomètres 707 mètres au Pôle ?

— Parfaitement, mais à vous dire vrai, cette faible différence... 2 kilomètres au plus sur la distance qui nous reste à parcourir...

— Pardon ; j'ai la prétention, quand nous arriverons au Pôle, de vous fixer ce point géographique à 300 mètres près ; 300 mètres, vous entendez : la rigoureuse précision de mon instrument le permet. Deux kilomètres donc ont une réelle importance, et ce n'est pas à 240, mais à 242 kilomètres, que nous sommes du terme de notre voyage.

— Calmez-vous, mon cher docteur, dit en souriant l'Américain ; ces 2 kilomètres, le ballon vient de les franchir dans le temps que vous avez mis à les discuter.

Le voyage s'accomplissait décidément dans des conditions que nul n'eût osé espérer.

Le traîneau automobile, dont on avait pu craindre la chute, semblait être maintenu solidement par sa dernière courroie et, à moins de nouveau choc, Georges Durtal ne redoutait plus l'énorme et subit délestage de 380 kilogrammes, qui eût précipité le *Patrie* dans les abîmes de l'extrême froid.

Un seul malaise pesait sur tous : il était dû au brouillard, qui semblait s'épaissir encore.

Si on arrivait au Pôle sans rien voir, sans pouvoir, par conséquent, dans la relation officielle, décrire l'ensemble de la région découverte, le résultat de l'expédition en serait très diminué.

— Nous avons maintenant toutes chances d'arriver, observa le milliardaire ; mais si le temps ne se lève pas, nous passerons au-dessus de l'axe du monde à la façon d'un aveugle dans une galerie de tableaux.

Tout le monde fut de cet avis, et une discussion s'engagea sur ce qu'il convenait de faire pour que le passage du *Patrie* au Pôle Nord, où vraisemblablement il ne pouvait s'arrêter, fût autre chose qu'un vol rapide dans cette « nuit blanche ».

Le mot était de Christiane, et il rendait admirablement l'opacité du brouillard, qui déposait maintenant sur la nacelle et les agrès de véritables aiguilles de glace.

— Si nous descendions, fit l'Américain, nous y verrions encore moins, car évidemment cette brume doit être d'autant plus épaisse qu'on se rapproche de terre.

— Peut-être aussi serait-il imprudent de faire les 200 kilomètres qui nous restent à trop faible hauteur, observa Georges Durtal; car, sommes-nous toujours au-dessus de la banquise, sommes-nous au-dessus d'une terre, nous n'en savons rien. A quoi bon risquer d'aller nous briser contre un relief inconnu ?...

— Comme nous avons failli le faire sur le pic de notre ami Petersen, appuya sir James Elliot.

A son tour, mistress Elliot prit la parole :

— Moi, fit-elle, je ne puis m'imaginer qu'il n'y ait pas au Pôle un renflement marqué.

— Mais il me faut un monticule à moi, un mamelon, une élévation quelconque, pour y construire mon observatoire! Car vous devez bien supposer que, si nous atteignons si aisément ce point aujourd'hui, je n'aurai plus qu'une idée : y revenir, pour y faire, avec mon instrument, les observations essentielles... Or, pour bâtir un observatoire, il faut une montagne... petite si vous voulez, mais il en faut une.

Christiane sourit.

— Supposez-le construit par une baguette de fée à l'instant, interrogea-t-elle; qu'est-ce que vous pourrez observer par un brouillard pareil, monsieur le savant?

— Espérons qu'il y a des saisons, ou des années, où l'atmosphère se dégage, comme partout ailleurs. Qui sait? en hiver il fait peut-être ici, pendant la nuit de six mois, un temps magnifique, avec une limpidité d'atmosphère qui triple l'intensité lumineuse des étoiles... Non, je ne renoncerai pas aisément à ce rêve de voir au Pôle, dans un temps plus ou moins proche, une mission scientifique, étudiant l'hémisphère boréal et surtout le troublant problème de l'origine de l'humanité...

— Et vous accepteriez d'en être le chef? demanda l'Américain.

— Avec une joie infinie... On se fait au froid. Voyez, Nansen a supporté 52°; nous avons maintenant 43°, l'air de la marche nous fouette la figure : nous endurons cela fort bien, grâce à nos multiples pelures et à nos masques. S'il fait au Pôle en plein hiver 60, 65°, c'est un grand maximum. Or, à cette température, on peut vivre, et bien vivre, avec des provisions et de l'alcool.

— Je croyais que l'alcool était pâteux à 60°, fit l'Américain.

— Non pas. Quand il est absolu, il devient visqueux dans un mélange de protoxyde d'azote liquide et d'acide carbonique, c'est-à-dire à 100° au-dessous de zéro. Il a d'ailleurs été solidifié à — 130°; mais, par les plus grands froid du Pôle, il pourrait servir à tous les usages, mécaniques, caloriques, etc.

L'avenir est à l'alcool, dit l'Américain. Il va supplanter l'essence dans les machines. C'est mon collègue, le Roi des pétroles, qui en fera une culbute ce jour-là !

— Sir James, interrompit soudain le savant, j'ai la réponse au problème que nous nous posions tout à l'heure.

— Quel problème donc ?

— Nous nous demandions que faire pour que notre passage au Pôle ne soit pas celui d'un fétu de paille emporté par le vent...

— Vous avez un moyen ?

— J'en ai un : si nous voyons, en passant au Pôle, ce que jamais un œil humain n'a vu, admettrez-vous que nous aurons rempli notre programme ?

— Certes !... Mais que voulez-vous dire ?

— Nul homme n'a vu jusqu'à ce jour l'étoile polaire au zénith, sur sa verticale... Nous, nous pouvons, nous devons la voir...

— Comment ! avec ce brouillard ? Mais l'étoile polaire est de troisième ou quatrième grandeur seulement, je crois.

— Justement : dominons-le, ce brouillard ; il n'est pas tellement épais que nous n'en puissions sortir, en nous élevant d'un millier de mètres, par exemple. C'est une altitude que peut atteindre le *Patrie*. Puisque la lunette de mon instrument arrive à percer ce voile pour découvrir derrière lui une étoile de première grandeur, c'est qu'il n'a qu'une faible épaisseur au-dessus de l'aérostat. A terre, il s'épaissit, c'est entendu, et nous ne verrons rien ;

mille mètres plus haut, nous devons trouver un ciel pur, et, par ce faible jour de l'été de six mois, l'étoile polaire sera visible à notre zénith.

— Mais, docteur, intervint Georges Durtal, notre zénith à nous, c'est le plafond du *Patrie*... Il nous cachera l'étoile polaire, et, à moins d'être juché là-haut sur la soupape, comme Bob Midy l'autre jour, nous ne la verrons pas.

Il y eut un silence. Le docteur n'avait pas prévu cette objection si simple, mais il ne se démonta point.

— Entendez-moi, fit-il. L'étoile polaire elle-même, nous ne la verrons pas, soit. Mais, scientifiquement, les observations que je ferai sur d'autres étoiles autour de la polaire auront une valeur équivalente. Si je rapporte par exemple une observation prouvant que j'ai vu à la même heure la *Chèvre*, de la constellation du *Cocher*, et *Alpha*, du *Cygne*, à la même hauteur zénithale, ou encore *Argol*, de *Persée*, à la même hauteur que *Wega*, de la *Lyre*, le monde savant ne pourra douter de notre passage au Pôle, puisque c'est du Pôle seulement, et *de nul autre point du globe*, que l'on peut faire cette constatation. Partout ailleurs, ces étoiles sont, pour l'observateur, à des hauteurs zénithales différentes.

— Si vous croyez cette démonstration réellement nécessaire, sir James, fit Georges Durtal, je puis essayer de dominer cette brume qui, en effet, ne peut avoir une bien grande épaisseur.

— Je m'en rapporte au docteur, fit l'Américain.

— Nous aurons de plus une observation solaire importante à faire, quand nous verrons nettement les contours de l'astre, ajouta le savant. Le soleil, vu du Pôle à une heure déterminée, occupe une position qui ne laisse aucun doute aux astronomes sur le lieu d'où cette position aura été observée.

— Nous n'avons plus que 370 kilogrammes de lest, dit l'officier du génie, qui venait de faire le compte des sacs suspendus autour du bordage. Il faut l'économiser. Commençons donc par nous débarrasser du poids de givre accroché à la nacelle et aux agrès.

Tout le monde s'y mit, même mistress Elliot, dont la préoccupation principale était de pourvoir l'équipage de boisson chaude. Bob Midy, lorsqu'il eut vu ses compagnons procéder à cet émondage, grimpa sur le rebord de la nacelle, se hissa sur les trapèzes de suspension destinés à éviter aux passagers le contre-coup des heurts violents de la nacelle avec le sol, et bientôt, grattés comme un soulier boueux, nacelle et agrès furent délestés d'une trentaine de kilogrammes.

L'ascension commença...

Les ailerons horizontaux furent ensuite orientés dans le sens de la montée, et elle s'accentua. Enfin Georges Durtal jeta coup sur coup trois sacs de lest, et, à deux heures du soir, le *Patrie* arrivait à l'altitude de 1.920 mètres.

— Brr..., fit l'Américain ; et il montra du doigt la colonne d'alcool du thermomètre.

Elle marquait — 57°.

Ce point devait être le minimum de température atteint par l'expédition, car, joint au vent de la marche, le froid constituait une souffrance qui ne pouvait être endurée longtemps.

Mistress Elliot et Christiane s'étaient réfugiées sous la tente; chacun s'était appliqué sur la figure le masque de laine du passe-montagne, car on risquait, en quelques minutes, d'avoir le nez gelé. La vapeur de la respiration se solidifiait instantanément, formant sur les masques des stalactites de glace.

Le brouillard n'avait pas diminué : peut-être même était-il plus épais, et le docteur dut en convenir d'un air dépité, en constatant qu'il n'était pas aussi sûr de ses visées qu'à l'observation précédente : *Pollux* était à peine discernable...

On devait être à la latitude 89° 13'... à 47' du Pôle !

Plus que 87 kilomètres !

Mais quand ce chiffre tomba dans le silence, aucune voix ne se leva pour applaudir ou s'extasier.

Pourtant, sur l'invitation de sir Elliot, Georges Durtal trouva dans sa volonté la force nécessaire pour télégraphier ces mots :

« *Nous serons au Pôle dans deux heures.* »

Mais il dut lâcher le manipulateur et n'attendit pas la réponse de l'*Étoile-Polaire*.

Car le froid était devenu pour tous une souffrance aiguë. Les membres se raidissaient; le mouvement devenait difficile et la respiration haletante, comme si une chape de plomb eût pesé sur les épaules. Sous le masque même, s'épaississaient des aiguilles de glace...

Peu à peu, l'insensibilité gagnait les extrémités.

— Je ne sens plus le volant, déclara Georges Durtal.

— Il faut descendre, fit l'Américain : c'est intolérable,

Le savant à son tour acquiesça du geste.

Mais les ailerons horizontaux abaissés ne donnèrent qu'une descente relativement lente et le thermomètre s'obstinait aux environs de 55°.

Alors Georges Durtal leva le bras vers la poignée de la corde de soupape.

Mais ce fut en vain qu'il essaya de tirer cette poignée : ses doigts raidis ne pouvaient la saisir...

— A vous, sir James... je ne puis.

Successivement, l'Américain et le savant tentèrent d'opérer la traction libératrice...

Ils n'y parvinrent point.

— Bob !... regarde, Bob !

Le nègre, roulé en boule sous le rebord de la tente, se leva : il ne semblait pas souffrir, au même degré que les autres passagers, de l'effroyable froid.

L'Américain lui expliqua ce qu'on attendait de lui.

A peine eut-il compris qu'il se suspendit à la corde et la tira brusquement...

Dans le silence profond des hautes altitudes, le bruit du gaz fusant par les clapets ouverts monta et grandit.

Quelques instants se passèrent à écouter ce ronflement qui ressemblait à celui d'une sirène lointaine.

— Faites-le lâcher, dit Georges Durtal, l'œil sur le baromètre. Nous voici à 1.600. La descente est commencée ; elle s'accélérera toujours assez vite...

Mais quand Bob eut lâché la poignée, le bruit continua, impressionnant...

Et Georges Durtal jeta un cri qui fit sortir aussitôt Christiane de la tente.

— Georges, qu'y a-t-il ?...

— La soupape ne s'est pas refermée... Le ballon se vide !...

Et la voix du jeune homme avait une expression d'angoisse indicible.

Presque aussitôt, l'œil au baromètre, il ajouta :

— Nous tombons !...

Il avait dit ce mot en français, car c'est toujours à sa langue maternelle que revient l'homme agité par un mouvement violent de l'âme.

Mistress Elliot avait cependant compris, car elle se montra, à son tour, effarée. On ne voyait que ses petits yeux gris, fixes comme ceux d'un oiseau hypnotisé par les serres d'un vautour.

Sir James s'était élancé vers Georges Durtal, et, d'une voix étranglée :

— Que dites-vous ?

— Nous tombons, sir James... La soupape est restée ouverte, vous entendez bien...

Quant au savant, il semblait comme rivé à son banc, une main sur le plateau horizontal de son instrument, et le terrible froid, qui figeait toutes les volontés, rendait plus tragiques les attitudes et les tentatives de mouvements, car, au lieu de s'agiter, comme ils l'eussent fait dans une température leur laissant la liberté de leurs membres, tous les passagers semblaient frappés d'un commencement de paralysie.

*
* *

— 1.000 mètres !... Nous tombons !...

L'officier du génie répète les deux mots fatidiques d'une voix blanche, les oreilles tendues vers ce grondement qui vient d'en haut et que le bruit du moteur n'empêche pas de discerner, car c'est un bruit très particulier, et à cette heure, c'est le soupir d'agonie de l'aérostat.

Déjà, l'air venant d'en bas se fait sentir.

D'ailleurs, le baromètre est là qui parle; son aiguille sautille de 750 à 700... Tout à l'heure on était à 1.900 !...

Dans ces instants tragiques, dont la durée échappe à l'entendement, le *Patrie* a baissé de 1.000 mètres, et, suivant les lois d'accélération de la pesanteur, il descend toujours plus vite...

Christiane, silencieuse, est venue se serrer contre son fiancé.

— Georges, que faire ?

Elle parle à voix basse, comme si le son de sa voix l'effrayait, dans cet abîme où ils s'enfoncent.

Il lui montre le trapèze de suspension et explique d'une voix sourde par phrases brèves, hachées...

Il faut qu'elle s'accroche, se suspende à cette barre, pour éviter le choc, le contre-coup qui leur brisera les jambes quand la nacelle heurtera le sol.

Mais elle est dans l'impossibilité de bouger...

Ce n'est pas seulement le froid qui la raidit, c'est l'hébétement, qui l'empêche de faire un mouvement, et qui ne laisse en son cerveau qu'une idée surnageant dans le désarroi de toutes les autres : rester là, près de lui, et partager son sort quel qu'il soit.

L'Américain répète, comme un phonographe enrayé :

— Commandant ! Commandant ! Commandant !

Et mistress Elliot, écroulée devant la tente, prie, la tête dans ses mains.

Seul, Bob Midy reste épanoui, regardant d'un air satisfait la poignée de la corde de soupape à laquelle il s'est suspendu tout à l'heure.

Il a servi à quelque chose dans la manœuvre et il en éprouve une satisfaction béate.

Il ne comprend rien à ce qui se passe; les masques qui cachent en partie les visages bleuis l'empêchent de voir les traits convulsés de son maître. Il a conservé, lui, une souplesse relative, et manifestement, le froid l'éprouve beaucoup moins que les autres. C'est même cette particularité qui a décidé en partie sir James à l'emmener. Il est né dans les Montagnes Rocheuses, a couru presque nu dans la neige. Il est le seul qui dispose de ses membres, le seul qui puisse agir.

Mais le seul mouvement qu'on lui ait demandé a déterminé la perte du *Patrie!*

500 mètres! dit l'aiguille du baromètre.

Maintenant Georges Durtal, par un effort violent de volonté, s'est ressaisi...

Comme aux créatures d'élite, le calme lui revient avec le sentiment de la responsabilité. D'ailleurs, le froid terrible, qui le glaçait aux altitudes de 2.000 mètres, semble tomber tout d'un coup. Ce n'est pas une apparence : la température remonte de 20 degrés dans le court intervalle qui sépare 1.800 de 500 mètres; les poitrines se soulèvent, haletantes, sous cette brusque détente, et il semble à l'officier du génie qu'il recouvre soudain la liberté de ses doigts...

— Le lest ! sir James...

Il parvient à détacher un des sacs supendus au bordage et à le lâcher au dehors. L'Américain l'imite. Trois, quatre, cinq sacs sont détachés.

La chute est certainement ralentie, mais la soupape reste ouverte; le ballon se creuse par en dessous... Le gaz continue à s'échapper, dans un ronron lugubre...

Plus que 300 mètres jusqu'au sol. Que faire pour enrayer ce choc?...

L'officier du génie a songé à couper l'allumage, à

arrêter la machine, car il songe aux hélices dont l'une peut toucher le sol et éclater en mille morceaux.

Puis il réfléchit qu'en laissant courir l'aérostat il atténuera la violence du choc de toute la rapidité de translation. Le ballon glissera, le danger le plus grand sera dans les éclats d'acier de l'hélice.

Maintenant, il voudrait obliger Christiane à se baisser au fond de la nacelle. Tout à l'heure, il eût voulu qu'elle se suspendît à l'un des trapèzes.

Ces idées contradictoires n'ôtent rien à la lucidité de son cerveau. Les yeux sur le baromètre, il serre nerveusement le volant, satisfait de retrouver l'usage de ses doigts. Car le terrible froid lui avait forgé des gants d'acier semblables à ceux des anciens chevaliers, avec les articulations en moins.

Que faire encore pour enrayer cette descente ?

Si l'on pouvait lancer à temps le guide-rope... Il est remonté, roulé contre le bordage, et il suffit de couper la petite ficelle qui le retient pour qu'il se déroule, touche le sol avant la nacelle et la déleste des 50 kilos que représente son extrémité épaissie à dessein, le *serpent*, comme l'appelle les aéronautes.

L'Américain a compris. Lui aussi a recouvré en partie l'usage de ses mains, mais c'est en vain qu'il essaie de briser cette petite ficelle ou de défaire avec ses doigts gourds le nœud qui retient le lourd cordage...

Que de fois le salut d'un être humain a dépendu d'un détail infime comme celui-là !

— 150 mètres! Dans une minute le ballon va toucher le sol...

Ce sol, on le voit maintenant, c'est la banquise... la banquise toute blanche, toute plate, steppe de neige aux horizons infinis, car, bizarrerie météorologique, le brouillard est infiniment moins opaque au niveau de la glace qu'à 1.000 mètres d'altitude.

Là haut, il y avait comme de la neige en suspension dans l'atmosphère, il semblait qu'on se mût dans de l'ouate. Sur la banquise, c'est un air plus fluide, plus léger, et l'aérostat, dont les passagers distinguent à peine la masse au-dessus d'eux, leur apparaît... creusé de plis, déjà déformé, mais continuant à voler sous la poussée de ses hélices.

Dérisions des précautions et des recherches compliquées : c'est pour essayer de mieux voir les étoiles de l'hémisphère boréal que le savant a demandé cette ascension à 2.000 mètres, et voilà que, au niveau même de la banquise, il serait mieux placé pour les observer.

C'est pour obéir à sa demande inutile que cette expédition, jusque-là conduite, pour ainsi dire, par la main de la chance, va s'achever en drame!...

Mais au moment où, à 150 mètres de terre à peine, le *Patrie* continue son angle de chute vers la banquise, Georges Durtal remarque la position des ailerons horizontaux.

Occupé à délester l'aérostat, il n'a pas réfléchi que, tout à l'heure, quand il s'est décidé à descendre de l'altitude de 1.900 mètres sous la morsure du froid, il a mis ces ailerons à la position de descente, leur plan incliné vers la terre.

En ce moment donc, ils contribuent à accélérer la chute.

L'officier manœuvre brusquement le second volant qui fait pivoter ces espèces de nageoires autour de leur axe commun : elles se relèvent, et soudain la descente paraît comme enrayée...

A 100 mètres à peine de la banquise, le *Patrie* court parallèlement à elle.

L'aérostat est devenu aéroplane.

Grâce à sa vitesse qui atteint 80 à l'heure, il obéit maintenant à la commande de ses gouvernails horizontaux, qui agissent à la façon d'un cerf-volant.

Georges Durtal a le sentiment qu'il vient de créer une nouvelle force.

Il sait que le ballon lui obéira d'autant mieux que la vitesse sera plus grande, et il met l'avance maxima à l'allumage. Le moteur ronfle formidablement, les hélices tournent à 1.400 tours...

Le grand oiseau blessé précipite son vol...

Et l'officier, à qui sont venues coup sur coup ces deux inspirations tutélaires, en a une troisième : il embraye la courroie du ventilateur sur le moteur, et l'air afflue dans le ballonnet.

Pendant un instant, le volume de cet air compense celui de l'hydrogène qui fuit et maintient au ballon sa forme fuselée.

Enfin, par une chance inespérée, la pointe de l'aérostat ne s'est pas déformée; c'est entre cette pointe et le plan de raccord de la carcasse métallique du *Patrie* que se dessine le vide produit dans l'enveloppe par la diminution du gaz. Un large méplat se forme ainsi sous l'aérostat et son plan, s'ajoutant à celui des ailerons si heureusement relevés tout à l'heure, aide encore à la puissance de relèvement du système.

Cette fois c'est bien un aéroplane, un plus lourd que l'air, qui file à une prodigieuse vitesse.

Dès lors son point de chute recule indéfiniment.

Pourtant il faut qu'il tombe, et insensiblement Georges Durtal voit la terre se rapprocher, mais il a le temps maintenant de jeter le guide-rope, et, presque tranquillisé désormais, il vient en aide à l'Américain, lequel s'obstine à essayer de briser la ficelle qui retient le lourd paquet de cordes.

L'officier se souvient qu'il y a dans une cantine à vivres plusieurs couteaux de table, parvient à en atteindre un, coupe la ficelle, et le lourd serpent tombe en frétillant dans la neige durcie...

Au même moment, Georges Durtal coupe l'allumage, le moteur s'arrête, les hélices ronronnent encore pendant une centaine de mètres et ne battent plus l'air que faiblement ; la nacelle touche le sol, et le choc est à peine sensible, car un autre poids a contribué à délester au dernier moment le ballon : c'est le traîneau automobile, suspendu par son unique courroie et dont les 380 kilos constituent le meilleur tampon qui se puisse imaginer...

— Tenez-vous bien !...

La nacelle pique du nez, est traînée une centaine de mètres encore, mais derrière elle, traîneau et guide-rope font frein et contribuent à la ralentir.

Elle s'arrête enfin, sa béquille traçant dans la neige un sillon profond.

Elle s'incline vers la gauche et se redresse, encore soutenue par le ballon qui se vide et va se déformer plus rapidement, puisque le ventilateur ne fonctionne plus.

Mistress Elliot, qui, s'est retirée sous la tente pour ne pas voir la chute, appelle désespérément :

— James !... James !...

Maintenant, c'est fini... Tout danger a disparu, et cette chute, qui devait être mortelle, s'est terminée, grâce à la présence d'esprit du jeune officier, par une expérience des plus saisissantes et une descente presque classique.

Les naufragés du *Patrie* ont d'ailleurs une autre chance qu'ils ne sauraient assez apprécier : il n'y a pas un souffle d'air dans l'atmosphère, et l'énorme masse gît sur la banquise sans un soubresaut, dans une immobilité d'épave.

Mais ce n'est plus qu'une épave...

Le bel aérostat, qui a franchi victorieusement l'Océan polaire et qui a amené ces audacieux jusqu'aux environs du Pôle, ne remontera plus dans l'espace.

Son gaz continue à fuir par la soupape ouverte et le bruit lugubre qu'il fait en sortant arrache Georges

Durtal à cette sorte d'exaltation, d'attendrissement qui suit les catastrophes évitées.

Christiane et lui se regardent sans mot dire, comme étonnés d'être là, mais c'est une extase de quelques secondes à peine. Le sentiment de sa responsabilité revient au commandant du *Patrie*. Il a recouvré, sinon la souplesse, du moins l'usage de ses membres, et d'ailleurs le froid, tombé de 58 à 32°, n'est plus du froid. Ce qui provoquait la souffrance et la paralysie, c'était, au moins autant que le formidable abaissement de température, le violent courant d'air provoqué par la marche du ballon. Maintenant que l'air est calme, il n'y a plus sensation de froid.

Nansen raconte que, pendant son séjour de deux ans sur la banquise, il vit maintes fois Hansen, le lieutenant du *Fram*, se lever la nuit en manches de chemise et, constatant qu'il n'y avait pas de vent, monter sur le pont pour consulter les instruments, par 36° de froid.

Georges Durtal est d'ailleurs dans un état physiologique tel que, seule, cette idée de la soupape ouverte et qu'il faut refermer à tout prix, le sollicite.

Il écoute le bruit sinistre, et se creuse pour trouver une solution.

Sa lourde pelisse de fourrures l'engonce, lui pèse; il s'en débarrasse, sort de la nacelle, court à l'aérostat qui se plisse à vue d'œil, et en fait le tour.

Comment la soupape est-elle restée ouverte ? Bob a dû tirer trop brusquement la corde.

Mais cette raison ne suffit pas à expliquer pourquoi les clapets ne se sont pas relevés, pourquoi ils n'ont pas obéi aux puissants tirants de caoutchouc qui doivent les ramener. après chaque traction, à leur position de fermeture.

L'officier ne s'attarde point, d'ailleurs, à sonder ce pourquoi.

Une pensée vient de surgir en lui.

Ces clapets, on doit pouvoir les ramener à la main à cette position de fermeture, car ils portent des poignées extérieures ; dès qu'ils seront refermés, ils seront maintenus par la pression intérieure du gaz.

Cet objet, une fois entré dans le cerveau du jeune homme, le martelle et rend à tout son être des forces insoupçonnées.

Mais comment atteindre la soupape ?

L'échelle qui permet d'y accéder est hors de portée, car elle ne descend pas plus bas que la ligne de raccord entre le fuseau gonflé et la carcasse métallique, à laquelle est suspendue la nacelle... C'est une échelle mise là pour les réparations d'atelier ; on ne s'en sert qu'au hangar, et quand Georges Durtal a pu, grâce à elle, aller vérifier la soupape avant le départ du Cap Nord, il s'est fait aider par des matelots de l'*Etoile-Polaire* pour en atteindre les premiers échelons.

Il y a bien une autre échelle, mais c'est celle qui conduit au ventilateur : elle n'aiderait en rien à l'accession de celle qui va à la soupape.

Pour arriver à cette dernière, il faudrait se hisser

par les amarres jusqu'à la ralingue d'acier, faire un rétablissement sur le plan stabilisateur et gagner ainsi le dernier échelon de l'échelle.

Après quoi l'ascension n'est plus qu'une question de sang-froid.

Mais l'officier a beau avoir recouvré l'usage de ses membres, il se sent incapable de réaliser de tour de force avec des gants. Or ces gants, il est obligé de les conserver, car le contact du métal, au delà de 30 degrés, est interdit, sous peine de « brûlure ».

Un des chiens de Nansen, ayant eu certain jour la malencontreuse idée de lécher, par 32 degrés de froid, un anneau faisant saillie sur le pont du *Fram*, ne l'en put détacher, et dans les bonds désordonnés qu'il fit pour se libérer, il se fût arraché la langue, si un matelot n'avait échauffé l'anneau avec ses moufles pour délivrer le pauvre animal.

Georges Durtal connaît ce détail, et il a vu la même aventure arriver au docteur Petersen sur le limbe de son instrument.

Mais soudain il se souvient ; Bob Midy est cuirassé contre le froid ; seul, il est capable de ce tour de force.

L'officier appelle sir James, le prie d'expliquer à Bob ce qu'on attend de lui.

Cette soupape qu'il connaît bien, pour en avoir fait jouer les clapets avec ses pieds, il faut qu'il l'atteigne et que, saisissant les deux clapets par les poignées, il les tire à lui et les ramène à leur position de fermeture.

Le nègre a compris.

Il semble vraiment avoir un grand singe pour ancêtre, car d'un bond il est sur le plan stabilisateur et il grimpe rapidement le long de l'échelle de corde.

Le voilà qui disparaît au sommet de l'aérostat...

Près d'une minute encore se passe qui paraît un siècle à l'officier du génie. Dans le grand silence des solitudes boréales, le gaz, en fusant, produit un bruit de tonnerre lointain.

Ce gaz, il est aussi précieux, pour les naufragés du pôle, que l'oxygène de l'air est nécessaire à leurs poumons...

Il n'existe aucun moyen de le remplacer, les tubes d'hydrogène comprimé, qui se trouvaient au départ dans la nacelle du *Patrie*, ont été utilisés pour son regonflement, concurremment avec le gaz fabriqué par le docteur Petersen.

Il n'en reste rien ; vides, ils ont été laissés là-bas.

Manifestement, et tel qu'il est déjà, le ballon est incapable de s'enlever avec ses six passagers.

L'angoisse de Georges Durtal atteint son paroxysme, car les conséquences de cette effroyable situation lui apparaissent dans une lueur sinistre.

Le ballon impuissant, c'est la mort fatale, inéluctable, pour tous, aussitôt que les provisions seront épuisées.

Car, même avec l'aide du traîneau automobile, susceptible seulement d'emmener deux personnes, comment espérer franchir les mille kilomètres qui séparent maintenant les naufragés de l'air de la terre François-Joseph ?...

Si encore le ballon était refermé sans tarder, il pourrait peut-être emporter deux personnes, quatre même, à condition de sacrifier les provisions, la tente, le guide-rope et quantité d'organes utiles.

Mais qui abandonnerait-on ?...

C'est là que la question de propriété interviendrait, âpre, terrible...

Et l'imagination de Georges Durtal, surchauffée, lui montre tout un avenir de luttes, de sauvagerie, de *struggle for life*...

Soudain, le grondement cesse.

Bob se montre au sommet de l'aérostat. Sa face est épanouie, et dans cette blancheur du paysage où les ours, les renards et les oiseaux sont blancs, sa tête d'un noir de cirage, piquée de trois taches qui sont les yeux et les dents, détonne comme un contre-sens de la faune populaire.

Le nègre redescend satisfait, sans se hâter. Son corps creuse dans l'étoffe jaune de vastes poches, accusant l'anémie de l'aérostat.

Il explique à son maître avec force gestes dans quel état il a trouvé les soupapes et sir Elliot, après l'avoir écouté, explique à son tour à l'officier aérostier ce qui est arrivé.

C'est sous l'action de puissants tirants de caoutchouc que les clapets doivent, après chaque coup de soupape donné de la nacelle, reprendre leur position de fermeture.

Or, ces tirants sont tous rompus.

— Rompus par le froid, ajoute l'Américain. Tous les explorateurs polaires connaissent cette particularité. Au-dessous de 50 degrés, le caoutchouc perd toute élasticité et devient cassant. Il eût fallu à votre soupape des ressorts en acier.

Eh oui, il eût fallu au *Patrie* des ressorts en acier! mais ses constructeurs ne l'avaient pas destiné à affronter de pareilles températures et c'est d'ailleurs une inconcevable fatalité qui a décidé son commandant à aller chercher aux altitudes de 2.000 mètres le froid qui l'a précipité à terre.

Maintenant, bien que l'angoisse de Georges Durtal ait pris fin, sa conclusion de tout à l'heure est la même :

Le *Patrie* est cloué au sol.

Tout espoir de le voir remonter dans l'espace avec ses organes essentiels doit être abandonné...

Il y aurait peut-être un moyen, sacrifier la machine, les hélices, transformer cette épave aérienne en un ballon non dirigeable et se confier au vent.

Mais s'il n'y a pas de vent ?

Ou si le vent emporte l'épave indirigeable vers ce réseau complexe d'îles qui bordent l'Amérique du Nord et qui sont autant de déserts ?...

Georges Durtal s'absorbe dans la solution de l'effroyable problème, car cette solution est dominée pour lui par une pensée unique :

Sauver Christiane !

N'emmener qu'elle au besoin, mais la sauver coûte que coûte.

Le Pôle Nord, sa proximité, la gloire entrevue, tout cela ne compte plus !...

Et si profonde est sa préoccupation qu'il n'entend rien de ce qui se passe autour de lui, qu'il ne perçoit rien des exclamations du savant et qu'il semble sortir d'un rêve, quand Christiane, après s'être écartée un instant, revient à lui.

— Georges, dit-elle, le Pôle n'est plus qu'à trois milles d'ici... Sir James est déjà parti pour vous y devancer !

LA COURSE AU POLE

Le geste de Christiane. — A la poursuite de l'américain. — Traces de plantigrade — Balle explosive. — Il était temps! — La gratitude du Milliardaire. — En traîneau. — Halte-là! — Le drapeau de neige.

Georges Durtal resta un instant interloqué.

Le Pôle à trois milles!

Certes il ne s'attendait pas à le trouver si proche. Quelle vitesse avait donc atteinte le *Patrie* pendant les deux dernières heures de sa course?

Mais, autant cette nouvelle l'eût secoué, une demi-heure plus tôt, quand le *Patrie*, intact, se dirigeait à tire-d'ailes vers le Pôle, autant elle le laissait indifférent, maintenant qu'une catastrophe irrémédiable clouait l'expédition sur la banquise, sans espoir de retour.

Il secoua la tête, d'un geste qui voulait dire :

— Qu'importe la proximité du Pôle, si nous n'en revenons jamais!...

Et le bras étendu, il montra à la jeune fille l'aérostat affaissé, creusé de poches et de plis profonds, manifestement incapable de repartir.

— Eh bien! Georges!... Sir James est parti, vous dis-je.

Et, à son tour, Christiane de Soignes montra la direction dans laquelle sir James Elliot avait disparu.

Machinalement, l'officier jeta un regard dans cette direction et ne vit rien. Seules, quelques traces de pas creusaient la neige récemment tombée et se perdaient dans le jour laiteux.

Il se rapprocha de la nacelle.

Immobile derrière l'oculaire de sa lunette, le docteur Petersen était absorbé dans une visée prolongée; il ne relevait la tête que pour jeter un regard vers ce Pôle dont il venait de déterminer, avec son infaillibilité de savant, la position exacte. Sa mimique ne laissait aucun doute sur son impatience et sur le projet qui s'élaborait dans son cerveau.

Toutes les opérations qu'il pourrait faire en ce point ne vaudraient jamais une seule visée faite au Pôle même.

A tout prix il fallait y transporter l'instrument.

Lui aussi avait déjà oublié les émotions de la chute, et certainement ne croyait pas la situation désespérée en ce qui touchait le retour.

A vrai dire, il n'y songeait point.

Quant à mistress Elliot, elle n'avait pas quitté la

nacelle. Christiane l'avait vue, remettant à son mari le pavillon américain de *l'Étoile-Polaire*, qu'elle avait conservé depuis le départ. Puis elle était rentrée sous la tente, et sans doute à cette heure avait-elle repris la lecture de la Bible, pour demander au ciel le triomphe du Drapeau étoilé.

— Elle lui a jeté une phrase l'invitant à se hâter, dit encore Christiane... et il se hâte, car on ne le voit plus... Il faut le rejoindre, Georges...

— Savez-vous que nous n'avons aucun moyen de repartir d'ici, Christiane? demanda gravement l'officier.

— Que voulez-vous dire?

— Ce que seul je puis affirmer : c'est que le ballon est hors d'état de nous enlever et qu'il faudra, de toute nécessité, que trois d'entre nous, peut-être quatre, restent ici... Or, pour ceux qui resteront, la tombe est creusée d'avance à cette place...

Il y eut un silence, mais l'hésitation de la jeune fille fut courte, car, joignant les mains :

— Georges, je vous en prie, fit-elle, ne pensez pas à cela, ne parlez pas de cela maintenant... Rejoignez d'abord sir James. Vous ne devez pas, vous ne pouvez pas le laisser arriver là-bas le premier.

— Christiane, laissez-moi vous faire cet aveu... je n'ai en ce moment qu'une pensée : vous sauver, vous sauver malgré eux au besoin.

Et comme elle protestait du geste :

— Vous ne savez pas, fit-il sourdement... maintenant, ma vie, c'est vous, mon ambition, c'est vous...

Mais elle l'interrompit, et de nouveau pressante, enfiévrée, les yeux brillants, elle lui montra le Nord.

— Non, Georges, votre ambition doit être là-bas... Il faut y aller... Ne me parlez plus d'autre chose. En ce moment, je ne vous comprendrais pas. Quand vous reviendrez, je vous dirai, moi aussi, tout ce que j'ai là pour vous... pas avant... Partez, je vous en conjure, il n'y a plus une minute à perdre.

Elle lui avait pris les mains et, sous les gants d'épaisse fourrure, il sentait la pression nerveuse de ses doigts.

— Plus une minute à perdre, répéta-t-elle en martelant ses mots. Il faut le rejoindre... je le veux!

Elle avait ôté son lourd manteau, son passe-montagne et, cambrée dans une attitude volontaire, elle apparaissait casquée de blond, comme une jeune déesse de la région des neiges.

Il ne résista plus.

— J'obéis encore, fit-il, mais je commets pour vous obéir une imprudence capitale, car il se peut qu'en mon absence le vent se lève, et alors, nulle force au monde ne l'empêcherait d'entrainer l'aérostat... Or, si vous étiez dans la nacelle, je ne vous retrouverais plus ici... Promettez-moi de n'y pas monter...

— Je vous le promets.

— Tâchez de décider mistress Elliot à faire débarquer par son nègre quelques vivres sur la glace, pour le cas où le ballon s'enfuirait. Que Bob tienne le guide-rope, puisqu'il n'y a sur cette glace aucun point où on puisse l'attacher.

— J'ai compris.

— Si le vent survenait, accrochez-vous tous les quatre à ce guide-rope. S'il est faible, vous pourrez maintenir le ballon en nous attendant. S'il souffle un peut fort, nous sommes tous perdus!...

— Je prierai en vous attendant...

Elle se pencha vers lui et tendit le front. Il y mit un long baiser.

— Ce sont nos fiançailles, dit-elle... Dieu vous ramènera.

Il courut à l'arrière de la nacelle.

— Docteur, héla-t-il, montrez-moi exactement la direction du Pôle.

— Dans le sens même de l'axe de la nacelle... à peine un angle de quelques degrés vers la gauche...

— Et il n'est qu'à trois milles?... Vous êtes bien sûr?

— A trois milles et quatre cents yards, peut-être deux cents de plus. Je puis faire une erreur de cette valeur, car *Pollux* n'est pas très visible en ce moment. Mais je suis en train de contrôler avec *Cassiopée.*

Et le docteur Peterson reprit sa visée interrompue.

Quand Georges Durtal se retourna, Christiane redescendait l'échelle de corde de la nacelle; elle tenait une carabine qu'elle était allée chercher, et, sautant légèrement dans la neige, elle la tendit à son fiancé.

— Sir Elliot est parti sans arme, fit-elle, c'est peut-être imprudent...

— Vous pensez à tout, Christiane.

— Je pense à vous, dit-elle... Et voici des cartouches. Maintenant, partez vite!...

Mais, comme il s'élançait, elle le rappela :

— Nous oublions l'essentiel : le pavillon.

Elle lui montrait la flamme qui pendait à l'arrière de l'aérostat et dont l'extrémité rouge balayait maintenant la neige.

Il la saisit, la tira violemment; la corde d'attache céda et l'étamine tricolore s'étala sur la croûte gelée. Comme il restait là, embarrassé, son arme d'une main, ne sachant comment emporter la longue flamme :

— Attendez! fit-elle.

Prestement, elle la lui enroula autour de la taille, et quand il s'éloigna, ceinturé de rouge, elle le suivit des yeux, jusqu'à ce qu'il se fût évanoui dans la brume.

Autour d'elle, quelques flocons blancs voltigeaient.

*
* *

Georges Durtal était parti en courant. Mais après quelques centaines de mètres, il fut obligé de s'arrêter.

Avant tout, il fallait s'orienter.

La silhouette du ballon n'était plus visible ; la plaine s'étendait, immense, monotone, sans un glaçon, comme un lac figé. Au lieu des amoncellements de glaces constatés par les explorateurs qui avaient tenté l'assaut du Pôle avec des chiens et qui s'étaient heurtés à leur chaos impénétrable, il n'y avait là qu'une mer gelée, sans vagues et sans rides.

Il semblait que la barrière de « hummocks » et de « toross », devant laquelle avaient dû s'arrêter les kayaks de Nansen, les traîneaux de Cagni et de Peary, faisait place, aux alentours du Pôle, à un véritable steppe de glace.

Sans doute, cette glace recouvrait des abîmes, car les sondages de Nansen ont révélé dans la mer Polaire des profondeurs de 3.000 mètres et plus.

La neige était de fraîche date. Après de courtes recherches, Georges Durtal retrouva les traces de l'Américain et, ralentissant son allure pour ne pas les perdre de nouveau, il se mit à compter ses pas comme il l'avait fait depuis le départ.

Il savait que 125 d'entre eux valaient 100 mètres et avait calculé mentalement que pour parcourir trois mille et quatre cents yards il devait faire un peu plus de 7.000 pas.

Quand il eut compté jusqu'à 2.000, il s'arrêta un instant.

Son horizon se limitait à une centaine de mètres, mais jamais il n'avait eu à ce point le sentiment de l'immensité. Elle l'enveloppait, elle s'imposait à lui irrésistiblement, car c'était l'immensité solitaire que nul explorateur n'avait connue.

Dans les expéditions poussées sur les continents, aussi bien dans les déserts africains que sur les hauts plateaux du Thibet ou les forêts vierges du Haut-Congo, les hardis pionniers qui cherchaient de nouvelles terres savaient qu'ils étaient les premiers civilisés à y pénétrer ; mais ils savaient aussi que des autochtones, des êtres humains, vivaient, ou avaient vécu, dans ces régions arrachées à l'inconnu géographique.

Pour les passagers du *Patrie*, cette conception d'indigènes polaires était impossible. Aucun homme n'était parvenu là avant eux. Aucun homme n'y pouvait vivre et demeurer.

Eux partis, l'axe du monde poursuivrait son éternelle rotation dans sa solitude reconquise.

Ils étaient les premiers à fouler l'immense glacier, à découvrir la mer polaire, à lui donner un nom, à inscrire ce nom sur les cartes.

Ils étaient les premiers à faire connaître aux hommes qu'aucune terre ne jalonnait ce point, seul immobile dans le mouvement de rotation diurne, et que la calotte terrestre était constituée par un océan.

Ils étaient les premiers... Mais pourquoi n'était-il pas le premier, lui Français?...

Maintenant que la puissante suggestion de Christiane avait détourné de son esprit l'idée fixe du retour impossible, un regret de plus en plus cuisant montait en lui, à la pensée que, si près du point géographique dont la découverte passionnait le monde entier, il s'était laissé devancer par un étranger?

Si le ballon lui-même avait atteint le Pôle, nul doute que tout l'honneur en fût revenu à la France; mais il s'était arrêté en deçà.

Or, à la différence des îles et des continents qui émaillent le globe terrestre, *le Pôle était un point.*

Ne pouvait se vanter de l'avoir atteint, celui qui s'en était approché à 6 kilomètres, alors que le degré d'approximation des instruments modernes peut le préciser à 500 mètres près.

Or, l'homme qui était en route pour atteindre ce point, qui l'atteindrait le premier, était un Américain, porteur du pavillon de sa nation.

La presse, le public, le monde entier ne connaîtraient jamais que cet étranger.

Et, de même que, dans une course, le vainqueur qui gagne d'une tête ou d'une épaisseur de pneumatique est le seul vainqueur acclamé, de même, dans l'imagination des hommes, l'Amérique apparaîtrait d'âge en âge comme la victorieuse, comme la dominatrice du Pôle Nord.

Cette idée fouetta l'officier, lui fit reprendre sa course.

Christiane avait vu juste, et, pour avoir sacrifié le souci angoissant du lendemain à l'idée grandiose qui depuis deux jours la transfigurait, elle se révélait mieux trempée que lui, Française avant d'être femme, et d'une noblesse d'âme qu'elle avait dû puiser dans un lointain passé.

Puisque son destin avait fait de lui l'élu de cette créature d'élite, il ne devait plus avoir d'autre pensée que la sienne.

Cette pensée, il la sentait planer dans l'air glacé, dans la brume arctique, suggestionnante, impérieuse, lui montrant à courte distance le but qu'un autre allait toucher.

Il accéléra sa course.

Soudain, il lui sembla entendre un cri... Était-ce devant ou derrière lui?... Dans le silence profond que ne troublait même point le bruit feutré de ses pas sur la neige, il ne pouvait se tromper : il avait entendu comme un appel.

Venait-il du *Patrie?* Etait-ce la voix de Christiane? Devait-il retourner en arrière?

Il s'arrêta, les tempes battantes, serrant nerveusement le fusil dans lequel il avait, tout en courant, glissé un chargeur de trois cartouches.

Mais il réfléchit. Il était déjà trop loin du *Patrie* pour qu'un cri pût lui parvenir et, le dos baissé, pour ne pas perdre de vue les traces directrices, Georges Durtal se remit à courir vers le Pôle.

Un second cri plus distinct lui parvint presque aussitôt.

Cette fois, aucun doute n'était possible : il venait du Nord et, seul, l'Américain avait pu le pousser.

Etait-ce le cri de triomphe que jetait le Yankee en arrivant au point calculé?

Non, car Georges Durtal venait de compter 3.400 pas : il était à peine à moitié chemin. C'était un cri de détresse...

Et l'officier précipita sa course.

Maintenant, le champ de glace qui l'entourait devenait rugueux. Ses ondulations rappelaient l'aspect des champs couverts de neige, quand la bise en a plissé le manteau grenu et cristallin. C'étaient des ondulations à larges plis, se creusant comme des vagues solidifiées, et Georges Durtal, se rendant compte qu'il pouvait passer près de son compagnon sans le voir, scruta plus attentivement encore la trace de ses pas.

Or, d'autres empreintes se mêlaient maintenant à celles qu'avaient tracées jusque-là les lourdes chaussures fourrées de l'Américain.

Et Georges Durtal frémit en les examinant de plus près, car, à n'en pas douter, elles provenaient d'un plantigrade de grande taille : la paume de la patte atteignait 70 à 80 centimètres de circonférence, et il n'y avait qu'un animal de cette famille, dans ces régions arctiques, c'était l'ours blanc, dernier représentant des espèces quaternaires dont on retrouve les squelettes dans les glaciers de l'Europe centrale.

La disposition des empreintes indiquait clairement que le redoutable animal était arrivé derrière l'homme et l'avait suivi sans qu'il s'en doutât.

La neige est un tapis merveilleux pour étouffer le bruit des pas, et sans doute le monstrueux animal avait pu se jeter sur sir James Elliot à l'improviste, ce qui avait laissé à peine au malheureux le temps de pousser un ou deux cris.

Tout en se livrant à ces conjectures, Georges Durtal, sans ralentir sa course, arma sa carabine.

Mais, en arrivant au sommet d'une dune plus profonde que les autres, il s'arrêta, horrifié.

Un spectacle tragique se déroulait devant lui, à 20 mètres à peine : sir Elliot était étendu dans la neige et, penché sur lui, un ours de la plus grande taille le fouillait de ses griffes.

L'Américain n'avait plus la force d'appeler.

Il ne laissait plus échapper que des cris rauques et brefs, mêlés aux grognements du terrible animal.

A quelques pas de lui, le drapeau américain, lacéré à coups de griffes, marbrait la neige de ses lambeaux rouges et bleus.

En quelques bonds, Georges Durtal fut sur le lieu de la lutte et, à son tour, l'ours, trop absorbé, ne le vit que quand il fut à bout portant.

Alors le fauve leva une patte velue, terminée par des griffes longues comme des lames de couteau et ouvrit une gueule qui montrait deux rangées de crocs formidables...

— Visez bien ! (1) fit une voix étouffée.

Ces deux mots témoignaient d'un sang-froid si extraordinaire en une circonstance si tragique,

(1) Ces deux mots ont été prononcés, dans des circonstences *identiques*, par Johansen, le courageux compagnon de Nansen, dans sa course en ski à travers la banquise, par 86° de latitude nord.

qu'ils calmèrent instantanément la fièvre qui aurait pu faire dévier la balle de Georges Durtal.

A moins de deux mètres il épaula et, comme à la cible, visa la gueule ouverte de l'animal; puis il lâcha la détente.

C'était une balle explosible; le coup s'en répercuta au loin : la tête du fauve éclata comme une grenade mûre et il s'abattit tout d'une pièce sur l'Américain, qui poussa un han étouffé.

Ce ne fut pas sans peine que Georges Durtal le sortit de cette critique position. Mais sa surprise fut extrême en le voyant, dès que le cadavre de l'ours eut été tiré de côté, se relever prestement et se jeter dans ses bras.

— Ah! commandant!... sans vous...

Et avec une effusion dont, à son flegme habituel, on ne l'eût guère cru capable, le milliardaire serra le jeune homme dans ses bras.

Il n'avait pour toute blessure qu'une large estafilade à la joue droite; encore le sang s'était-il congelé de suite et on n'en voyait que la cicatrice.

Quand il fut en état de parler, l'Américain explosa en un torrent d'explications.

C'était le drapeau américain d'abord, ensuite sa lourde pelisse, qui l'avaient sauvé.

L'ours était arrivé derrière lui, à l'improviste, mais il avait senti son souffle bruyant, s'était retourné à temps et avait évité sa première attaque.

N'ayant pas d'autre arme que le pavillon de l'*Étoile polaire*, il l'avait agité frénétiquement devant son lourd adversaire et avait,sinon tenu en respect, du moins étonné celui-ci pendant quelque temps. Il n'avait osé s'enfuir, sentant qu'il serait promptement rejoint, et finalement avait été jeté à terre d'un coup de patte.

Mais, à ce moment, l'ours s'était acharné sur les épaisses fourrures dont il était revêtu, et l'Américain, le saisissant par le cou, avait pu tenir éloignés de son visage les formidables crocs et gagner ainsi les quelques minutes qui avaient permis au salut d'arriver.

— Et ce salut, commandant, poursuivit l'Américain, ce salut, le croiriez-vous? j'étais sûr qu'il viendrait. Je ne vous voyais pas, je ne vous entendais pas, et cependant, dix minutes après mon départ, je vous devinais derrière moi. Je me hâtais, vous sentant plus jeune, plus leste... Ai-je été assez stupide tout de même !...

Et sir Elliot, allant ramasser son pavillon, le regarda longuement.

— Oui, stupide et, ce qui est pire, incorrect, ajouta-t-il en serrant à nouveau la main du jeune homme... Incorrect d'avoir eu la pensée de prendre l'avance sur vous, au moment où votre sang-froid venait de nous sauver tous.

Me le pardonnez-vous ?

— De tout cœur, sir James... Allez, je comprends le sentiment qui vous poussait, il est réellement humain. Mais ce n'est pas moi que vous devez remercier, c'est mademoiselle de Soignes... Sans elle, je ne songeais qu'au ballon et vous ne m'auriez pas vu arriver à temps...

— Ah! mademoiselle de Soignes! s'exclama le milliardaire, voilà une femme, commandant!... Et l'on nous parle des Anglaises!... Non, voyez-vous, parlez-moi des Françaises et des Américaines, il n'y a rien de supérieur à celles-là... J'avais dit que miss Christiane serait la bonne fée de l'expédition : je ne me suis pas trompé. Et elle est surtout ma bonne fée à moi; car je lui dois la vie... Comment la remercier?...

Il se tut un instant, puis, mettant la main sur l'épaule du jeune homme :

— Quant à vous, que le vouliez ou non,... commandant, je n'ai qu'une manière de vous témoigner ma gratitude... Nous partagerons mon pari...

Georges Durtal, qui s'était penché sur le cadavre de l'ours et examinait l'effet foudroyant du projectile, se releva.

— Sir James, fit-il, je vous remercie de votre intention, et je veux pas la discuter, car j'ai une question à vous poser qui va vous ouvrir les yeux : croyez-vous sérieusement que vous toucherez jamais le montant de votre pari?...

— Comment, si je le crois!... Mais sir Hobson, le roi du Cuivre, est, après Astorg, Vanderbilt, Rockfeller et Morgan, le plus puissant de nos financiers. Un million de dollars, pour lui, mais c'est simplement son gain d'une année dans ses mines du Lac Supérieur...

— Ce n'est pas de cela qu'il s'agit, sir James. Mais, pour toucher le montant de votre pari, il vous faut rentrer en Amérique, et nous n'avons, entendez-moi bien, aucun moyen d'y revenir : le *Patrie* a perdu trop d'hydrogène, il ne s'enlèvera plus.

— Même en jetant tout votre lest ?

— Ce serait insuffisant.

— Et le traîneau?... les provisions?...

— J'y ai songé. Ce ne serait pas assez, vous dis-je.

— Et Bob Midy?

— Comment?...

— Eh! oui, si nous devons laisser quelqu'un ici, ce sera lui : un nègre, ça ne compte pas!...

Et comme Georges Durtal, interloqué, ne répondait rien :

— Écoutez-moi, mon cher commandant. Je ne puis croire qu'un voyage aussi bien commencé que celui-ci s'achève dans une catastrophe, et le danger auquel je viens personnellement d'échapper me confirme dans cette conviction. Il doit y avoir un moyen de repartir; je ne sais lequel, mais j'ai confiance en vous, vous aviserez... N'avez-vous pas déjà trouvé moyen d'éviter la chute brutale, alors que vous aviez quelques minutes à peine de réflexion devant vous?... Vous aurez le temps voulu tout à l'heure pour réfléchir... Vous nous sortirez de là...

— Je ne puis fabriquer de l'hydrogène, et il n'y aurait que ce moyen d'en sortir, sir James...

— Eh bien, s'il nous faut abandonner l'aérostat,

nous nous mettrons en route pour la terre François-Joseph. Les provisions ne nous manqueront pas et cet ours arrive à point pour nous montrer que nous pouvons compter sur du gibier, même dans ces régions inconnues. Avec le traîneau pour les deux femmes, les vivres et notre provision d'essence, que nous faudra-t-il ? Quarante... Cinquante jours au plus?...

Mais, ce pôle, il faut d'abord l'atteindre. Allons-y commandant, partons ensemble.

Malgré lui, le jeune officier admirait cette ténacité anglo-saxonne.

Cet homme avait déjà oublié sa dangereuse aventure et ne songeait plus qu'à l'objectif poursuivi sans trêve depuis vingt mois.

— Mais nous y sommes, au Pôle, sir James, si vous tenez compte de l'erreur probable inhérente à l'instrument du docteur. Qu'est-ce que les 3.000 à 3.200 pas qui nous restent à faire?... Le Pôle, si nous le voulons, c'est le cadavre de cet ours.

— Non pas... J'ai une confiance absolue dans les calculs de notre savant, et d'ailleurs c'est si peu de chose, ces 3.000 pas... faisons-les... Je suis un peu courbaturé, mais j'irai bien jusque-là.

Et comme Georges Durtal, l'air préoccupé, ne répondait rien :

— Il serait même de toute justice maintenant que vous m'y devanciez, fit l'Américain en riant.

Georges Durtal était monté sur la crête de la dune au fond de laquelle s'était déroulée toute cette scène et semblait vouloir sonder l'horizon dans la direction de l'aérostat.

L'Américain le rejoignit.

— Cet ours n'est pas seul, sir James, et si elles étaient attaquées, là-bas? Je crois qu'il ne faudrait pas beaucoup compter sur le docteur pour les défendre. Quant à votre Bob...

— S'il voit un ours, Bob grimpera sur la soupape, acheva le milliardaire, et son front se barra d'un pli d'anxiété.

— Miss de Soignes doit savoir se servir d'une arme, fit-il et il reste un fusil dans la nacelle.

— Si Mlle de Soignes était dans la nacelle, je serais moins inquiet, car l'ours est un animal relativement peureux; la vue du ballon l'empêchera sans doute d'avancer... Mais j'ai fait promettre à Mlle Christiane de n'y pas y remonter...

— Pourquoi?

— Parce que le vent peut s'élever et entraîner l'aérostat.

— Mais alors, Cornelia, qui est restée dedans!...

Et, fort perplexe à son tour, le milliardaire interrogea l'horizon.

Soudain un léger bruit, semblable au halètement lointain d'une locomotive, troubla le silence de la banquise, et les deux hommes se regardèrent, l'oreille tendue...

— Entendez-vous?

— Oui, le teuf-teuf du traîneau, n'est-ce pas?

— Ce ne peut être que cela...

Ils écoutèrent quelques minutes encore. Plus de doute! les détonations rapides et bruyantes du moteur à pétrole se faisaient plus distinctes; le traîneau venait à eux, et, pour lui signaler la bonne direction, Georges Durtal tira un coup de fusil en l'air.

Dix minutes se passèrent, pendant lesquelles deux autres coups de feu furent tirés, puis une ombre surgit au sommet d'un pli neigeux, et le petit véhicule grossit rapidement.

Il glissait avec une remarquable aisance, escaladant les ondulations du sol sans ralentir, pendant que sur les côtés ses palettes faisaient voltiger la neige.

Les mains sur un petit volant très bas, les pieds sur la pédale d'embrayage, le teint animé, Christiane fit un geste triomphant de la main, et mistress Elliot, accroupie derrière elle, cria de sa voix de tête :

— James! Nous voici, James!...

— Elles ont trouvé la solution, fit l'Américain en allant au-devant des deux intrépides voyageuses. Maintenant qu'elles sont là, nous n'avons plus de raison de ne pas aller jusqu'au bout.

Un instant après, la jeune fille débrayait à quelques mètres des deux hommes, sautait légèrement dans la neige et joyeusement :

— C'est ici le Pôle Nord? demanda-t-elle.

Puis interrogeant du regard son fiancé et remarquant qu'il avait toujours le pavillon du *Patrie* roulé autour de la taille :

— C'est plus loin, Georges?...

— D'après le docteur, oui... Mais je crois...

Un cri perçant de mistress Elliot interrompit le jeune officier. Elle venait de remarquer la balafre qui zébrait la joue de son mari.

Celui-ci, en guise de réponse, la conduisit au sommet de la dune et lui montra le cadavre de l'ours.

Puis, en quelques mots, il lui raconta ce qui venait d'arriver.

Tous quatre se réunirent autour de l'animal étendu. Il paraissait plus gigantesque encore, allongé dans la neige et déjà raidi par le froid.

— Ah ! mon Dieu, fit l'Américaine, toute bouleversée. Et moi qui avais pris ce premier coup de feu pour une salve triomphale en l'honneur du Pôle !... Alors, faute de quelques minutes, James... vous étiez dévoré par cette horrible bête !... et c'est moi, James, moi, dont le ridicule amour-propre vous avait envoyé en avant...

— Monsieur, fit-elle en s'adressant au jeune officier, combien j'ai de regrets à vous exprimer !... Car tout ici est mon fait, et je veux m'en accuser bien haut, car Dieu sait parfaitement rendre à chacun selon ses œuvres. C'est moi qui ai poussé James.

— Et c'est moi qui ai poussé Georges, fit en riant Christiane.

— Il est de fait, conclut l'Américain, que dans notre extraordinaire expédition, ce sont les femmes qui nous poussent : ce sont elles qui montrent le plus de décision, et la conclusion, c'est que nous devons leur réserver l'honneur de planter nos pavillons à un mille et demi d'ici.

— Plus qu'un mille et demi !... En route, alors ! fit la jeune fille.

Vive et légère, elle reprit sa place à l'arrière du traîneau, et invita l'Américaine à faire de même.

— James boite un peu, dit cette dernière, je vais marcher un peu à ses côtés... D'ailleurs, j'aurai moins froid.

La marche fut reprise. Elle était à la fois étrange et touchante, cette course au Pôle à laquelle participaient deux femmes, surgissant pour la première fois dans l'immensité des solitudes arctiques.

Les progrès de l'aérostation avaient permis cet événement unique dans l'histoire des explorations terrestres. Portée sur les ailes du vent, la faiblesse féminine avait sa part dans la découverte du point le plus inaccessible de la planète.

S'appuyant sur sa femme, sir Elliot s'était remis en marche. Instinctivement, il se retournait de temps en temps, comme s'il eût senti derrière lui le souffle bruyant d'un autre ours.

Serrant nerveusement son fusil, Georges Durtal marchait en tête. Il s'était remis à compter ses pas, s'interrompant fréquemment pour supplier la jeune fille d'aller moins vite.

Car Christiane lâchait parfois la bride au moteur et son traîneau disparaissait alors derrière un pli de la banquise ; parfois elle revenait dans un virage savant, et parfois s'arrêtait, attendant ses compagnons,

Elle était comme ivre de mouvement, ne sentant ni le froid, ni la fatigue; elle éprouvait le besoin de parler haut, dans ce silence que troublaient seulement les explosions précipitées du moteur, et ne cessait de manifester son étonnement pour le merveilleux engin, qu'elle conduisait maintenant avec la plus parfaite aisance.

Jamais on n'eût pu croire, à la voir évoluer, gracieuse et ravie, sur ce jouet automobile, qu'elle était à plus de 5.000 kilomètres d'une famille qui la pleurait et où sa vie avait coulé jusque-là paisible et sans rides.

L'accident du *Patrie* avait éveillé en elle les goûts ancestraux pour la vie d'aventures; le danger l'avait trempée rapidement, et l'amour avait fait le reste.

Maintenant elle était toute remuée, en sentant le but si proche.

Elle éprouvait en même temps une secrète joie de se sentir maîtresse de l'heure; quand on approcherait, elle prendrait une avance suffisante pour être sûre d'avoir foulé la première le Pôle Nord.

Soudain, à une centaine de mètres, une sorte de muraille de glace se dressa, barrant l'horizon.

En une minute, Christiane en eut gagné le pied. Il ne fallait pas songer à l'escalader avec le traîneau, pas plus qu'à la gravir à pied, car elle avait une quinzaine de mètres de hauteur et ses parois étaient presque à pic.

C'était sans doute un de ces plissements de glace dus au choc de deux banquises jetées l'une contre l'autre par des courants opposés, et aussitôt Christiane déclara :

— Je vais essayer de trouver un passage.

Je vous en prie, Christiane, fit l'officier, ne vous éloignez pas... Vous pouvez tomber dans quelque crevasse...

Mais déjà elle ne l'écoutait plus.

Grisée par la solennité de l'heure, elle lançait son léger véhicule le long de l'abrupte muraille de glace pour chercher une brèche.

Quelques minutes s'écoulèrent. Puis le bruit du moteur cessa brusquement et, presque aussitôt, un appel se fit entendre.

Georges Durtal se précipita, le fusil haut.

Mais la voix de la jeune fille ne manifestait aucune terreur, et quand, au détour d'un promontoire formé par la muraille de glace, le jeune officier la retrouva, elle avait quitté son traîneau et, le bras tendu vers la paroi glacée, elle répétait :

— Venez vite !... Regardez !...

Et vraiment ce qui l'hypnotisait ainsi était bien étrange en effet.

Une sorte de monticule de glace était adossé à la falaise comme un hummock tombé de sa crête, et au sommet de cette butte, la nature semblait s'être amusée à planter un drapeau de neige.

S'aidant de son fusil, Georges Durtal escalada aussitôt le monticule, arriva près de la singulière apparence et l'ayant touchée, poussa un cri de stupeur.

— Qu'est-ce donc, Georges?...

— Regardez!

Et quand le jeune officier eut brisé sous ses doigts enfiévrés la couche épaisse de givre qui recouvrait l'étoffe rigide, des couleurs apparurent : une croix jaune sur fond bleu se détacha sur la blancheur de la muraille, qui semblait l'abriter, et la voix de l'officier jeta aux échos du Pôle cette stupéfiante découverte :

— C'est le drapeau suédois!...

MARTYRS DU POLE

Dans une crevasse. — La grotte de glace. — Lequel est Andrée? — Les restes d'une expédition. — La nacelle de l'*Aigle*. — La neige tombe. — Retour au *Patrie*. — Les revendications du docteur. — Comment une idée absurde en suggéra une féconde. — Le *Patrie* devenu traîneau. — A l'abri de la falaise. — Projets de retour.

— Andrée!... s'écrièrent ensemble Georges et Christiane.

Le nom de l'aéronaute suédois leur était venu à tous deux à la fois.

Et une inexprimable émotion leur serra le cœur.

Ils en avaient parlé si souvent, ils y avaient pensé si souvent depuis le départ, à cet héroïque pionnier du Pôle, à cet enfant perdu de la science aérostatique qui avait voulu devancer les plus fameux navigateurs, en demandant aux vents de le pousser plus loin qu'eux!...

Ce drapeau aux couleurs de Suède, lui seul avait pu le planter en ce point, et l'exclamation des deux jeunes gens voulait dire :

— Andrée est passé là !

Ou plutôt :

— Andrée est tombé là !

A son tour, l'Américain arriva et voulut toucher le glorieux lambeau d'étoffe sorti de sa gangue de givre. Il l'étala, on examina de près les croix rouge et bleu piquées dans les angles, près de la hampe, et répéta :

— Oui, ce drapeau ne peut être que celui d'Andrée !

Le Suédois avait donc atteint le premier le Pôle Nord !

Le Français et l'Américain, eux, arrivaient trop tard.

Mais, d'avoir été devancés, ils ne concevaient ni amertume, ni déception d'aucune sorte.

Car celui qui avait affronté, douze ans plus tôt, avec une âme aussi intrépide, l'aventure la plus étonnante et la plus osée dont fasse mention l'histoire des explorateurs de tous pays, celui-là avait payé de sa vie son geste fou et superbe.

Pendant douze ans, l'Europe avait ignoré le triomphe dont il avait immortalisé le pavillon de son pays.

Elle allait enfin le connaître !

Leur gloire, à eux, consisterait à révéler au monde cette victoire du glorieux disparu. Et cette gloire, quoique faite de reflets, leur gonflait le cœur à l'avance.

Ils ne se disaient pas que le retour leur était fermé, que, comme Andrée, ils allaient finir là, que leur ballon n'était plus qu'une épave impuissante comme l'*Aigle* parti de Virgo-Bay. Ils ne se disaient pas tout cela. Une mystérieuse émotion les étreignait tous quatre, et ils jetaient autour d'eux des regards étonnés, investigateurs, comme s'ils se fussent attendus à voir surgir, au sommet de cette falaise, l'un des survivants de l'expédition suédoise.

Mais rien, dans le paysage glacé, qui commençait à se rayer de flocons blancs, n'indiquait de vestige humain. Ce monticule de neige, sur lequel ils trouvaient hissé le mystérieux pavillon, devait être un bloc de glace détaché de cette falaise qui barrait l'horizon. Sans doute Andrée l'avait choisi pour y signaler son passage, parce qu'abrité par le talus escarpé de ce glacier-muraille, il serait préservé des tempêtes polaires et des amoncellements de neige qui l'eussent enseveli ailleurs.

A son tour, l'Américaine voulut toucher la précieuse relique.

Non sans peine, elle commença l'escalade du « hummock ».

Car il apparaissait évident à tous quatre que ce point était le Pôle; qu'il était inutile, et d'ailleurs impossible, à cause de la falaise, d'aller le chercher plus loin.

Or, mistress Elliot, bien que déçue plus que tout

autre de trouver la place prise, ne se fût jamais pardonné de n'avoir pas touché la hampe de ce drapeau qui prolongeait l'axe terrestre.

Quand elle fut à mi-pente, non sans peine, et s'appuyant sur un piolet qu'elle avait eu soin d'emporter, son mari, descendant de deux ou trois pas le rapide talus, lui tendit la main pour la hisser au sommet.

Un dernier effort, et elle allait l'atteindre, lorsque soudain son piolet s'enfonça tout d'une pièce dans une fente insoupçonnée; manquant d'appui, elle tomba lourdement, et tout à coup, une crevasse s'ouvrant sous ses pas, mistress Elliot disparut en poussant un cri déchirant...

— Cornélia ! jeta le milliardaire.

Et, glissant sur la pente où venait de se révéler cette fissure béante, il s'y effondra à son tour.

Muets d'horreur devant cette catastrophe inattendue, les deux jeunes gens s'étaient rejetés en arrière Georges Durtal, cramponné d'une main à la hampe du drapeau suédois, solidement enfoncé dans la glace, avait lâché son fusil pour saisir Christiane et l'empêcher de glisser.

Quelle crevasse venait de se révéler là ?

Conduisait-elle aux abîmes océaniques, ou s'arrêtait-elle au niveau de la banquise ?

L'aventure prenait les proportions d'un drame, lorsque la voix de l'Américain, très proche, appela :

— Commandant ! Venez vite !... vite !

— Où êtes-vous?

— Dans une espèce de grotte... Andrée est là! Andrée est là!

Les yeux de la jeune fille s'agrandirent comme à l'apparition d'un spectre.

— Vite! répéta mistress Elliot. Laissez-vous glisser!

— Allons vite, Georges, fit Christiane fiévreusement.

— Permettez que je vous précède, dit le jeune homme. Vous vous laisserez aller et je serai là pour vous recevoir...

— Oui, je vous suis. Allez, Georges.

Et quand tous quatre furent réunis dans cette cavité manifestement creusée de main d'homme et qui s'enfonçait au flanc de la muraille de glace, ils furent saisis de la mystérieuse impression de respect qu'éprouvaient les anciens en pénétrant dans les sanctuaires fameux ou dans les bois sacrés.

Car, à la lueur de la lampe électrique portative que l'Américain emportait partout et qu'il venait d'allumer, le spectacle qui s'offrait aux yeux des naufragés de l'air était le plus poignant qu'une imagination humaine pût rêver.

La cavité où ils se trouvaient était une sorte de boyau, de trois mètres de large, sur huit à neuf mètres de profondeur, creusé dans la glace, et dont la voûte allait s'abaissant vers le fond.

Les parois en étaient noires et enfumées.

Dans la partie la plus large, deux cadavres étaient

étendus côte à côte, dans des sacs de couchage formés de peaux d'ours blancs.

On n'en voyait que les têtes, d'une maigreur effrayante, et les mains, aux doigts allongés démesurément, comme ceux des squelettes. La peau, jaunâtre et comme tannée, se plissait, sur ces visages sans muscles, comme une étoffe trop large, et les paupières bleuies, ridées et agrandies, bouchaient la cavité des orbites comme l'eût fait un pansement de chirurgien.

Les cheveux et les barbes, d'un blond flave chez l'un, d'un roux ardent chez l'autre, avaient poussé démesurément et s'étalaient, broussailleux et hirsutes, sur les peaux d'ours des couchettes.

Depuis combien de temps étaient-ils là, momifiés par le froid, ces explorateurs du Pôle ?

Combien de semaines, de mois peut-être, y avaient-ils vécu, sans espoir de revoir le monde civilisé, comptant les jours qui les séparaient de la fin ?...

C'était une vision atroce, et le beau visage de Christiane, tout à l'heure animé et rosé par le vent de la course, était devenu d'une pâleur extrême. L'apparition de ces squelettes, encore que la découverte du pavillon suédois pût faire prévoir leur voisinage, était trop impressionnante pour la nature délicate et nerveuse de la jeune fille ; elle frissonna sous ses fourrures et se serra contre son compagnon.

Cependant, l'Américain promenait le faisceau lumineux de sa lampe autour des cadavres.

Divers objets gisaient à terre à côté d'eux; les exilés du Pôle semblaient les avoir placés à portée de leurs mains, comme s'ils eussent été incapables de se mouvoir hors de leur couchette pour aller les chercher.

Il y avait là une lanterne, un petit fourneau, une pharmacie portative en désordre, deux bidons d'alcool vides, des boîtes de conserve ouvertes ; contre la paroi, un fusil à deux coups voisinait avec une pelle et deux pioches, les outils qui avaient servi aux martyrs du Pôle à creuser leur propre tombe.

Mais, parmi toutes ces choses si disparates, on ne discernait plus ni provisions, ni vivres.

Manifestement, les passagers de l'*Aigle* étaient morts de faim.

— Lequel est Andrée ? murmura l'Américain.

C'était la question que tous se posaient.

Nul n'y répondit, car nul n'avait connu le Suédois.

Au moment de sa tentative, ses traits avaient paru dans tous les journaux, mais, même s'ils étaient restés gravés dans la mémoire de ceux qui étaient là, comment les retrouver sur ces faces parcheminées?

Etait-il là seulement, celui qui avait été l'âme et le chef de l'expédition, et n'était-ce pas lui qui manquait à l'appel funèbre que faisaient en eux-mêmes les passagers du *Patrie ?*...

Ils étaient partis trois en 1897, Andrée, Strindberg et Fraenkel. Lequel avait disparu ?

Et comment avait-il disparu ?

Avait-il été projeté hors de la nacelle dans le traînage suprême qui s'était terminé là, jetant les deux autres pantelants au pied de cette falaise ?

Ou bien, succombant avant les autres, avait-il été enterré par eux sur la banquise, petit tumulus de neige, aujourd'hui disparu ?

Peu importait d'ailleurs. Ce qui était certain, c'est que, poussée au Pôle, l'expédition Andrée n'avait pu faire un pas en arrière pour en revenir, et que ces ossements étaient le premier jalon de cette redoutable découverte.

Muette, les yeux troubles, Christiane de Soignes serrait nerveusement le bras de son fiancé.

Cette gloire dont elle était si jalouse quelques heures auparavant, et pour son pays et pour l'homme à qui elle voulait lier sa vie, c'était à ces tortures, à cette fin atroce dans l'éternel abandon, qu'elle aboutissait donc !...

Ces malheureux, sur qui le monde entier avait eu les yeux fixés pendant quelques heures et qui l'avaient connue, cette gloire éphémère, ils étaient morts d'épuisement dans leur conquête.

Et le même sort attendait sans doute ceux qui venaient de découvrir leurs restes...

Car eux non plus n'avaient aucun moyen de retour.

Maintenant que la griserie du résultat obtenu se dissipait, Christiane de Soignes se sentait envahie par une épouvante sans nom.

Elle se voyait étendue à côté de Georges Durtal, dans cette grotte de glace, refuge qu'ils seraient encore bien heureux de trouver tout creusé, lorsque leur aérostat, emporté au premier souffle, les laisserait sans ressources, sur la banquise.

Elle eut la vision des longues heures d'agonie qui les attendaient, et toute la fragilité de la nature féminine reparut en elle.

— Partons, Georges, partons vite, fit-elle... J'ai peur!...

A côté d'elle, prostrée par la même angoisse, mistress Elliot s'était agenouillée. La jeune fille l'imita, et la tête dans ses mains, elle chercha dans la prière un dérivatif aux visions funèbres qui, maintenant, l'assaillaient en foule.

— Georges, fit-elle en se relevant, partons vite, je vous en supplie.

L'officier tenait à la main un carnet qu'il venait de trouver à côté de l'un des cadavres, et l'Américain, penché sur lui, dirigeait sur les feuilles jaunies et couvertes de notes au crayon le rayon de sa lampe.

Mais ils n'en purent rien déchiffrer, ne connaissant ni l'un ni l'autre le suédois.

— Il faut retourner au ballon sans tarder, sir Elliot, fit le jeune homme.

Mais l'Américain semblait ne pouvoir s'arracher à la contemplation de ces lugubres restes, car il poussa jusqu'au fond du réduit.

— Voici leur nacelle, fit-il...

C'était un panier circulaire en osier et en rotin, recouvert de toile imperméable. Un toit légèrement convexe le recouvrait à sa partie supérieure et ce toit était percé d'une trappe donnant accès à l'aéronaute qui veillait au dehors, pendant que ses deux compagnons reposaient à l'intérieur.

Les six grosses cordes de chanvre qui soutenaient la nacelle pendaient le long de ses parois : elles avaient été tranchées à coups de couteau ou de hache, ce qui semblait indiquer que les explorateurs avaient été obligés de se séparer rapidement de leur aérostat.

De ce dernier qui était énorme, puisque son diamètre dépassait 20 mètres et sa capacité 4.500 mètres cubes, il n'existait aucune trace dans le réduit.

Mais, sur le toit de la nacelle, l'Américain trouva un pavillon de soie blanche orné d'une ancre bleue.

— Pauvre Andrée ! fit-il... C'était un pavillon de reconnaissance adopté par lui et qu'il arbora au départ au-dessous du pavillon suédois... Quelle fin lamentable !...

Et tel était l'intérêt qu'il mettait à ces recherches, qui eussent d'ailleurs été passionnantes à tout autre moment, qu'il n'entendit même pas les deux jeunes gens insister pour le retour vers le *Patrie*.

Il montra à sa femme, qui l'écoutait à peine et lui parlait aussi du retour, les skis dressés contre la paroi de glace, le petit traîneau léger, la barque en toile démontable, encore pliée dans un coin et qu'Andrée avait emportée sous sa nacelle.

Georges Durtal et Christiane avaient hâte de se retrouver au dehors. Ils revinrent vers l'ouverture. Une surprise nouvelle les y attendait :

La neige tombait à gros flocons!

— Cette fois, murmura Georges Durtal, c'est la fin...

— Vous croyez vraiment qu'en allégeant le *Patrie* de tout ce qui n'est pas de première nécessité, nous ne pourrons pas repartir? demanda la jeune fille.

Il hocha la tête et expliqua :

— Peut-être, en abandonnant la machine, les hélices, le traîneau, l'instrument dudocteur et les provisions, puis en rendant au *Patrie* sa forme rigide avec de l'air insufflé par le ventilateur, aurait-on pu retrouver une certaine force ascensionnelle; mais, maintenant qu'une tonne de neige allait surcharger l'enveloppe du ballon, il était cloué à terre sans rémission...

— C'est sans doute ainsi que ce pauvre Andrée s'est perdu, conclut l'officier. La neige aura amené son ballon à terre, et, pour ne pas risquer de le voir emporté dans un traînage final, il aura tranché à coups de hache les cordes qui attachaient la nacelle, pour sauver au moins ses vivres.

— Erreur! fit sir James qui avait entendu. Un dispositif spécial, installé sur le balcon d'Andrée, le mettait à l'abri de cet aléa : c'était une calotte de soie fortement vernie, sur laquelle la neige et l'eau glissaient sans séjourner.

Ce disant, l'Américain hissa jusqu'à l'orifice de la

voûte le traîneau d'Andrée qu'il venait de découvrir dans une anfractuosité de la grotte.

— Que dites-vous de mon idée? fit-il. Ce traîneau, fort bien conditionné, ne pourrait-il être remorqué par le nôtre? Nous arriverions ainsi beaucoup plus rapidement jusqu'au *Patrie*.

Le jeune officier convint que l'idée était des plus heureuses, mais il ajouta qu'il fallait la mettre de suite à exécution, car il redoutait par-dessus tout une de ces tempêtes subites qui, dans les régions arctiques, succèdent presque invariablement aux grands calmes.

— J'aurais pourtant bien voulu faire l'inventaire complet de ce réduit, objecta le miliardaire. Jugez de l'intérêt qui s'attachera au moindre des détails que nous découvrons ici! Ainsi, par tous ceux que j'ai pu relever, je puis déjà certifier qu'Andrée et son compagnon sont restés ici plusieurs mois.

— D'où vient cette certitude?

— Du travail qu'ils ont accompli : il y a là, au fond de ce couloir, deux appendices creusés à droite et à gauche et qui, autant que j'ai pu en juger, devaient leur servir de garde-manger. Dans l'une de ces cavités, il y a deux peaux d'ours et une de renard argenté, recouvrant des instruments de météorologie et je ne sais quoi encore. Ils ont donc vécu un certain temps de leur chasse et, comme ils étaient partis avec des provisions pour quatre mois, je ne serais nullement surpris qu'ils aient fait ici un hivernage de huit à dix mois, peut-être davantage. Nous éluciderons cela avec leurs carnets, que j'emporte : l'un deux a l'air tenu au jour le jour... Mais, j'y pense, notre Norvégien de Petersen nous le traduira.

Georges Durtal essayait en vain d'arrêter ce flux de paroles. Il ne savait qu'admirer le plus, ou de la tenace confiance de cet homme dans le sauvetage final, on de sa parfaite inconscience de leur situation à tous.

Il se borna à répondre :

— Pour peu que nous tardions encore, sir Elliot, nous ne retrouverons plus le docteur Petersen.

— N'exagérons rien, fit l'Américain : le temps est toujours au calme plat et le *Patrie* est assez gros pour que nous le retrouvions malgré la brume.

— La brume est encore épaissie par cette neige qui tombe... Et cette neige même a fait déjà disparaître les traces de nos pas. Plus nous tarderons, plus nous risquerons de nous perdre.

— Non pas. J'ai ma boussole de poche, et, en partant, j'ai pris note de l'azimuth de notre direction par rapport à l'aiguille : 67 degrés... J'ai même constaté que ce chiffre ne correspondait point avec celui que le docteur nous avait donné sur la direction que devait faire l'aiguille aimantée au Pôle, 62°. C'est une observation capitale, puisque le Pôle magnétique est très exactement connu. Il faudra que notre savant s'explique sur cette divergence.

— Partons, de grâce, sir Elliot, fit Christiane impatientée.

— Mais comment sortir d'ici? demanda l'Américaine... Je ne me souviens que trop bien comment j'y suis arrivée, mais pour sortir...

— Ce sera très facile, Cornelia.

Et se dirigeant sur le fond de la grotte, le milliardaire en revint avec une pioche et attaqua vigoureusement la paroi qui donnait sur l'extérieur. Il eut rapidement creusé dans la neige durcie un étroit passage dans lequel il se glissa.

— Vous avez raison, fit-il, Petersen doit se demander s'il n'est pas abandonné là-bas, tout seul avec Bob... Hâtons-nous!

Et il tira derrière lui le léger traîneau, sur lequel il arrima une paire de skis.

— On ne sait jamais, fit-il : cela peut nous être utile. Savez-vous aller en ski, commandant?

L'officier répondit négativement.

— Vous avez grand tort. On ne devrait jamais s'embarquer pour une expédition polaire sans savoir se servir de ces merveilleuses raquettes.

— Eh ! sir Elliot, avez-vous oublié qu'il y a moins de cinq jours, j'étais à 4.000 kilomètres d'ici et que je ne songeais guère à une expédition polaire?

— Moi, j'adore ce sport-là, fit l'Américain, et si j'avais eu ces skis à l'aller, sur un sol aussi uni que cette banquise, jamais ce gueux d'ours ne m'aurait rattrapé.

Ils se retrouvaient dehors, et l'immensité du désert glacé apparut plus lugubre encore à Christiane, sous le voile nouveau que lui tissait la neige,

Déjà, le traîneau-automobile en était en partie recouvert. La jeune fille courut à lui comme à un ami retrouvé, donna un tour de manivelle, et le petit moteur reprit aussitôt son ronronnement bruyant.

— Croyez-vous qu'il pourra nous traîner tous, miss? demanda l'Américaine.

— J'en suis sûre. Il est de quatre chevaux, m'a dit sir Harris : c'est plus qu'il n'en faut.:. J'ai seulement peur de manquer d'essence, car je ne sais si Bob a rempli complètement le réservoir au départ.

Cependant, l'Américain avait apporté une des cordes trouvées dans la nacelle. Georges Durtal fit une remorque, qu'il eut soin d'éloigner du propulseur pour éviter tout enrayage.

Déjà Christiane, impatiente, était installée au volant.

— Combien je regrette de n'avoir pas apporté mon appareil photographique, dit mistress Elliot! Ce cliché des deux malheureux que nous abandonnons serait le souvenir le plus saisissant de notre voyage...

Décidément, la robuste espérance du milliardaire venait de regagner sa femme.

Elle aussi comptait revenir...

Ignorance des conditions d'un voyage aérostatique, confiance dans leur étoile, fatalisme, il y avait un peu de tout cela dans la ténacité avec laquelle l'un et l'autre parlaient du retour.

Sir Elliot et sa femme s'installèrent sur le traîneau

d'Andrée. Georges Durtal, assis derrière sa fiancée, avait rechargé sa carabine.

Christiane allait embrayer quand l'Américain lui mit la main sur le bras.

— Pardon, miss, un dernier répit : à quelle hauteur estimez-vous cette falaise?

— Quinze à vingt mètres au plus, mais pourquoi cette question?

— Avez-vous déjà oublié notre pari : nous devions, d'après vous, trouver au Pôle un relief supérieur à la statue de la Liberté de Bartholdi, qui a 46 mètres. Or, cette falaise n'en a pas la moitié.

— J'ai donc perdu, sir James, mais je vous préviens : je suis partie avec 20 francs dans mon porte-monnaie.

— Je vous ferai crédit, miss! Et se tournant vers sa femme.

— Reconnaissez là, une fois de plus, ma chance indéracinable, Cornelia : voilà le second pari que je gagne dans les vingt-quatre heures.

— Alors, vous devriez bien parier avec le lieutenant que nous sortirons d'ici sains et saufs, clama mistress Elliot.

— Cent autres livres que nous regagnerons l'Europe! les tenez-vous, commandant?

Georges Durtal acquiesça de la tête avec un sourire ennuyé : le propulseur mordit la glace, fit voltiger la neige, et le curieux convoi démarra sans difficulté.

— Hurrah! s'écria l'Américain. Cet ours m'a un

peu courbaturé et je ne suis pas fâché de revenir en voiture.

Grâce à la précaution qu'il avait prise d'emporter une boussole, aucune erreur de route n'était à craindre, bien que toute trace de pas eût disparu sous la neige. Les voyageurs passèrent près du cadavre de l'ours, petit monticule isolé qu'on eût déjà pris pour un bloc de glace, et il fallut toute l'insistance de Georges Durtal pour qu'aucun stationnement ne fût fait en cet endroit.

Le milliardaire voulait absolument couper une des pattes de son ennemi et rapporter les deux crocs les plus remarquables de sa formidable mâchoire.

— Je les aurais fait monter en breloque, déclara-t-il.

Mais Christiane passa outre, et quelques instants après, à la vitesse de dix kilomètres à l'heure qu'avait soutenue le merveilleux petit véhicule, les passagers du *Patrie* voyaient l'énorme silhouette de l'aérostat se profiler sous la calotte blanche qui le recouvrait de bout en bout.

A sa vue, l'officier poussa un long soupir de soulagement : le *Patrie* était pour eux l'ultime ressource, la dernière espérance...

Il était devenu *la Patrie*.

Bondissant de joie, Bob était accouru au-devant de l'automobile et manifestait, par les gestes les plus extravagants sa joie de retrouver sir James, l'interpellant sous une foule d'appellations, dont la plus répétée était celle d' « excellent maître ».

Georges Durtal pensa :

« Si le malheureux se doutait que l' « excellent maître » songe à l'abandonner en pleine banquise au cas où son poids pourrait délester le ballon, il serait peut-être moins démonstratif. ».

Sous sa pesante couche de neige, l'aérostat maintenait encore tendu tout son système de câbles, et cette constatation rassura un peu l'offfcier du génie. Il fallait que sa force ascensionnelle fût encore considérable pour que, sous ce surcroît de lest, l'aérostat ne se fût pas couché sur la nacelle.

L'arrivée du savant arracha l'officier aux réflexions que lui imposait la situation.

Petersen était désespéré : il n'avait pu trouver *Schedir* de *Cassiopée!* La neige avait encore compliqué ses observations, et, dans l'impuissance où il était de se livrer à aucun calcul, il avait fini par trouver le temps long.

— Je commençais à craindre que vous ne fussiez égarés, fit-il, et me voyez-vous, seul avec Bob, dans cette immensité!...

Mistress Elliot l'interrompit pour lui raconter la découverte du drapeau suédois, et elle eut des accents émus pour lui dépeindre la découverte des cadavres dans la grotte de neige.

A mesure qu'elle parlait, les yeux du savant pétillaient d'une joie intense. Quand elle eut terminé, il éclata :

— Mais alors, clama-t-il, c'est un de mes compatriotes qui a découvert le Pôle Nord!

— Pardon, objecta sir Elliot d'un ton sec ; que vous renonciez pour la circonstance à votre qualité d'Américain, je ne veux plus m'en étonner. Depuis le départ, vous ne faites que nous parler de votre petite patrie, et vous lui sacrifiez la grande, celle qui vous a comblé d'honneurs et dont les universités vous ont proclamé à l'envi leur correspondant. Libre à vous... Mais n'oubliez pas que vous êtes Norvégien, Petersen... Norvégien de Stavanger, vous nous l'avez assez répété.

— Certes oui, sir James, et je le répète encore.

— Eh bien ! ce n'est pas le drapeau *norvégien* que nous avons trouvé installé là-bas, c'est le drapeau *suédois*, suédois, entendez-vous ? Or, étant donnée la scission entre la Suède et la Norvège, c'est presque un pavillon ennemi du vôtre qui flotte au Pôle Nord. Il n'y a donc pas de quoi vous gonfler de la sorte, Petersen...

Le docteur fit plusieurs fois le geste machinal d'ajuster ses lunettes, sans se rappeler qu'il avait dû les ôter quand le froid était devenu si intense, que tout contact de métal avec la peau était interdit. Il ne tenait pas en place, et ce fut en redressant sa petite taille qu'il demanda :

— Pardon à mon tour, sir Elliot, mais en quelle année, s'il vous plaît, a eu lieu la scission entre la Suède et Norvège ?

— Mais... en 1905, si je ne me trompe.

— Et en quelle année Andrée a-t-il fait son héroïque tentative ?

— En 1897.

— Parfaitement, huit ans avant la scission par conséquent. Donc, quand il a planté le drapeau au Pôle, il était aussi bien Norvégien que Suédois, et mon triomphe personnel est aussi complet que je puis le désirer.

L'américain agacé ne trouva rien à répondre, et Petersen, dans une agitation croissante, se dirigea vers Georges Durtal.

Aidé de Bob Midy, celui-ci cherchait à se rendre compte, en essayant de soulever la nacelle par son support tubulaire, de ce qui restait au *Patrie* de force ascensionnelle. Après plusieurs tentatives, il avait pu constater que, comme il le craignait, cette force était désormais insuffisante pour les arracher à la banquise pôlaire.

Et tout, dans son attitude, révélait un profond découragement, lorsque le docteur Petersen, sa grosse tête rejetée en arrière, se planta devant lui.

— Commandant, vous ne me refuserez pas l'immense faveur que je vous demande au nom de la science, au nom de la France, foyer de science s'il en fût : puisqu'il ne faut pas une heure pour atteindre le point où flotte le pavillon de mon pays, veuillez prier Mlle de Soignes de m'y conduire en traîneau. Je vais faire enlever par Bob les écrous qui relient mon instrument au bordage de la nacelle; nous l'installerons sur le traîneau où étaient tout à l'heure sir James et mistress Elliot, et une fois au pôle, je fais l'observation décisive, historique, celle que, dans toutes les Académies, on lira, on proclamera en séance solennelle.

Georges Durtal avait écouté distraitement la requête de Petersen. La seule idée qui en découlait pour lui, c'était que celui-là aussi croyait au retour triomphal, aux apothéoses des Instituts, à l'immortalité de son nom, alors que lui seul, aérostier compétent, était de plus en plus convaincu que leur retour à tous était impossible.

Sa requête restant sans réponse, Petersen insista sur le mode lyrique.

— Et si le ballon n'est plus là quand votre observation sera terminée, docteur? répondit l'officier, dans un geste d'impatience.

— Que voulez-vous dire ?

— Si le vent se lève, nous entraîne vers l'inconnu pendant que vous serez là-bas, comme il eût pu advenir pour vous pendant que nous y étions...

Et Georges Durtal pensa :

— Comment peut-il supposer que je laisserai ma fiancée refaire, sans moi, ce périlleux trajet?

Mais le savant n'était pas de ceux dont on se débarrasse aisément.

Tout à son rêve prestigieux, il revint à la charge, suivant le lieutenant, pas à pas, dans les déplacements nécessités par l'examen de l'état de stabilité de l'aérostat.

— Enfin, commandant, fit-il en désespoir de cause, puisque vous ne voulez pas, et je le conçois, que Mlle de Soignes me conduise là-bas, pourquoi ne pas essayer d'entraîner là-bas le *Patrie* avec nous? Ce sera la France au Pôle, sans contestation cette fois.

Cette réflexion était absurde au premier abord, car six personnes, dont deux femmes, étaient incapables d'entraîner à six ou sept kilomètres de là une masse comme la nacelle, dont la béquille râclerait profondément la glace et formerait frein d'une façon continue.

Et cependant cette idée absurde devait être le salut de l'expédition.

Tant il est vrai que le salut, dans certaines circonstances désespérées, vient souvent du côté d'où on l'attend le moins.

Le savant ajouta :

— Il y a là-bas, dites-vous, un ressaut de glace d'une quinzaine de mètres; c'est un abri tout trouvé pour l'aérostat, peut-être même un moyen de le fixer...

La falaise, un abri pour le *Patrie !*

Et Georges Durtal interrompit aussitôt ses recherches pour suivre cette idée qui répondait si bien à sa principale préoccupation. Que le vent se mît à souffler dans ce désert sans relief, et aucune force ne retiendrait le *Patrie*, dont l'ancre ne mordait pas dans la glace plane de la banquise.

Dans cette plaine immense, l'énorme masse était exposée à tout instant, et le moindre souffle l'emporterait. Là-bas, au contraire, contre la haute paroi de glace, on pouvait espérer en rester le maître pendant les quelques heures nécessaires au nouvel aménagement de sa nacelle.

Et Georges Durtal revoyait, à quelques mètres de l'entrée de la grotte, un renfoncement de la paroi de glace où le *Patrie* serait abrité de deux côtés au moins.

Dès lors, l'esprit du jeune homme se tendit vers cette solution du problème, et il entendit à peine les expressions de gratitude que lui prodigua le docteur Petersen en apprenant que sa requête était accueillie.

La première pensée de Georges Durtal fut de faire servir les hélices à cette translation.

Pourquoi n'entraîneraient-elles pas le *Patrie* dans la direction que lui imprimerait une traction exercée par les passagers?

Le poids de la nacelle enfonçait profondément la béquille de sustentation dans la neige et s'opposerait à cette traction, mais ne serait-il pas possible d'atténuer ce frottement?

Et aussitôt la solution de cette difficulté apparut au jeune officier.

Il suffirait de fixer la partie inférieure de cette béquille sur le traîneau ramené tout à l'heure, et le dur frottement des tubes d'acier dans la neige se transformerait en glissement.

Dès lors, les hélices entraîneraient aisément tout le système.

A condition toutefois de faire disparaître les plis dont se creusait l'aérostat.

Mais ceci était chose facile; il suffirait d'insuffler de l'air dans les ballonnets.

Et sans mot dire, Georges Durtal, grimpant dans la nacelle, mit le moteur en mouvement et embraya la courroie qui montait vers le ventilateur.

Son ronflement attira tout le monde et les questions se croisèrent.

En quelques mots, Georges Durtal expliqua son projet, et mistress Elliot, qui commençait à faire débarquer des provisions par Bob, fut priée de suspendre ce travail et de tout faire rembarquer.

Le ballon reprenait sa forme à vue d'œil.

Une à une, les poches qui le creusaient disparurent; il ne resta plus que la profonde dépression qui mettait un méplat à l'avant et que, seule, une provision d'hydrogène eût pu combler.

Cependant on avait glissé le traîneau d'André sous la béquille de la nacelle. A l'aide de fil de fer, l'Américain fixa solidement l'une à l'autre.

Ceci fait, tout le monde, sauf Georges Durtal resté dans la nacelle, s'attela aux cordes de suspension pour donner au *Patrie* l'impulsion directrice.

Les hélices battirent l'air... la masse de l'aérostat s'ébranla...

Il avançait...

Son allure s'accrut, et ceux qui le tenaient durent courir pour le suivre.

Ce que voyant, Georges Durtal ralentit la vitesse de rotation.

L'espoir lui revenait malgré tout, en voyant quel parti on pouvait tirer du merveilleux engin.

Après avoir été le dirigeable obéissant du début, il s'était transformé à l'heure critique en aéroplane pour atténuer la chute, et maintenant, devenu traîneau, il se transportait par ses seuls moyens à la surface de la banquise.

Complètement rassuré par ce premier essai, Georges Durtal arrêta le moteur et fit remonter dans la nacelle mistress Elliot, Bob Midy et le savant, de plus en plus enthousiaste. Christiane et l'Américain s'installèrent dans le traîneau-automobile et rétablirent la remorque qui avait réuni les deux traîneaux dans le voyage précédent. Ils allaient non pas entraîner, mais orienter le traîneau-support dans la direction voulue.

Avec toutes les précautions voulues et une lenteur calculée, la marche fut reprise vers la falaise.

Une demi-heure après, le *Patrie* l'atteignait sans encombre. L'enfoncement que Georges Durtal avait remarqué dans la haute paroi verticale était à courte distance de l'ouverture de la grotte. L'aérostat y fut tiré et son enveloppe poussée le plus près possible de la paroi protectrice.

Véritablement il semblait que ce mur de glace fût dressé là à la demande des aéronautes, car il affleurait le sommet du ballon et le préservait du vent dans deux directions.

Grâce au pic trouvé dans la grotte d'Andrée, une excavation fut creusée au pied de la muraille de glace : l'ancre y fut enfouie, fixée dans cet encastrement par de la neige fortement tassée, et, quand cette besogne fut terminée, Georges Durtal respira.

C'était comme un répit accordé aux *Robinsons de l'Air*.

Ils pouvaient maintenant espérer avoir devant eux les quelques heures nécessaires aux travaux de délestage qu'imposait l'énorme diminution de la force ascensionnelle du *Patrie*.

Harassés de fatigue et d'émotion, ils se souvinrent alors qu'ils n'avaient point mangé depuis plus de huit heures et firent honneur au repas servi par Bob Midy. On déjeuna dans la nacelle. Le docteur, d'abord fort impressionné par sa visite à la grotte d'Andrée, recouvra peu à peu, sous l'effet des boissons toniques préparées par mistress Elliot, sa verve enflammée du début, et quand l'Américain, conciliant, porta un toast vibrant aux trois nations dont les libres citoyens foulaient du pied le North-Pôle, France, Amérique et Norvège, le savant se leva, et, le regard inspiré :

— Songez, dit-il, que, depuis que la vie s'est manifestée sur notre planète, jamais homme n'a vu ce que nous voyons, n'a pu parler le langage géographique que nous sommes tenus d'adopter en cette heure solennelle entre toutes...

Il n'y a plus pour nous de points cardinaux, proclama-t-il. Le *Nord*, nous y sommes ; le *Sud*, il est partout. L'*Est* et l'*Ouest* sont ici des mots vides de sens.

Où le soleil se lève et se couche-t-il?

Nous sommes au centre mathématique de l'hémisphère boréal. Autour de nous, les constellations décrivent des cercles parfaits.

Ici, toute ligne verticale, tout fil à plomb devient un « gnomon » équatorial et la marche des ombres solaires ou lunaires trace la marche des temps.

Ici mon théodolite, bien installé, va devenir un équatorial.

« Ici enfin, nous sommes au centre de la calotte d'aplatissement de notre globe, et si nous avions le temps nécessaire pour y mesurer un arc de méridien, aucune opération géodésique, fût-elle d'un Cassini ou d'un Perrier, ne pourrait être mise en parallèle avec ce miraculeux travail ! »

Comme pour se mettre à l'unisson de l'extase scientifique de Petersen, la neige avait cessé de tomber et la température s'était considérablement radoucie. Le savant le constata en lisant au thermomètre la graduation 18 et en expliquant que, d'après les calculs faits par Peterman et Murchison, la température du Pôle, pendant la période de jour, du 21 mars au 23 septembre, variait de — 2 à — 20°.

Pour des gens qui avaient subi — 55 à 2.000 mètres de hauteur, c'était un temps véritablement estival, et pour le prouver Petersen ôta ses gants et put saisir son couteau sans risquer de voir ses doigts collés au métal.

Tout le monde l'imita, et, comme par hasard, les

doigts de Christiane et de Georges Durtal se rencontrèrent, sous le sourire indulgent de mistress Elliot. Un bien-être général pénétrait les passagers du *Patrie* et leur ôtait, pour un instant, l'obsession du retour.

Il semblait que la confiance et l'enthousiasme du docteur eussent gagné tout le monde.

Les montres marquaient dix heures. Il fallait faire un effort pour se rappeler que c'était dix heures du soir et non dix heures du matin, tant ce jour perpétuel troublait les notions acquises dans les climats tempérés.

Le *Patrie* avait atteint le Pôle le dimanche à huit heures du soir, ayant quitté le Cap Nord l'avant-veille à une heure du matin. Il avait donc mis trente-sept heures à effectuer le trajet, dépassant de sept heures à peine la limite que sa vitesse avait fait prévoir au départ.

— Record sans précédent et tout à l'honneur des dirigeables français ! proclama sir Elliot.

— Et le retour !

C'était Georges Durtal qui jetait ce mot sur les cerveaux échauffés, car la douceur de l'heure présente et le répit accordé par les vents ne lui avaient pas fait perdre un instant de vue le redoutable problème...

Sauver Christiane, ne pas permettre que ce visage adoré devînt semblable à ceux que la faim avait creusés là, tout près ; que ces yeux d'un bleu profond s'effondrassent dans le néant des orbites sans regard et sans vie, regagner avec elle les régions de la vie et du bonheur...

Il allait tout tenter pour cela.

— Il m'est impossible, avec les moyens dont je dispose, fit-il, de démonter la machine ; elle fait corps avec la nacelle ; elle est partie intégrante de son bâtis. Il faut donc nous débarrasser de la nacelle elle-même.

Tout le monde se récria, et cette déclaration fit l'effet d'une douche sur le docteur Petersen.

— Et mon instrument ?

— Vous pouvez à l'avance le faire déboulonner, et, quand vos observations seront terminées, le faire transporter dans la grotte, ou d'autres, un jour, le trouveront comme un témoignage de notre passage. Nous ne pouvons songer à l'emporter, puisque, si nous voulons repartir, il nous faut, je vous le répète, sacrifier la machine et la nacelle elle-même.

— Mais alors, où nous installer? demanda mistress Elliot consternée.

— Dans la nacelle d'Andrée, que nous allons substituer à la nôtre, ce qui n'est pas un mince travail. Autant que j'ai pu en juger, notre force ascensionnelle est tombée de moitié ; elle n'est plus que de 3.500 à 3.800 kilogrammes. Or, l'aérostat, la machine et le gréement comptent ensemble pour 2.872 kilogrammes. Avec les 400 kilogrammes d'essence qu'il faudrait y joindre et les 468 kilogrammes que nous représentons à nous six, il ne nous resterait plus place, si nous partions avec la machine, que pour

100 kilogrammes de lest et pour un seul guide-rope. Nous ne pourrions emporter aucune provision ; or, partir sans lest... c'est la chute à brève échéance.

Ce lugubre exposé avait rembruni tous les visages. L'Américain objecta :

— Comment tenir six dans la nacelle d'Andrée faite pour trois personnes ?

— Il le faudra bien, sir James. Trois hommes se tiendront sur le toit ; mistress Elliot et Mlle de Soignes resteront à l'intérieur avec le docteur...

— Alors, plus de direction?... Nous nous livrons au vent... Et s'il se remet à souffler du Spitzberg, comme précédemment, c'est vers le détroit de Behring qu'il nous emportera.

— Mais nous en sommes à plus de 2.000 kilomètres, murmura le docteur.

— Et quel secours espérer là-bas? poursuivit le milliardaire. C'est le complexe de nos îles américaines, îles de Grant, de Bank, de Melville et de Victoria ; de l'autre côté ce sont les îles de la Nouvelle-Sibérie, la Terre de Wrangel : tout cela est inhabité.

Tout le monde comprenait enfin la gravité de la situation. Dans une dernière argumentation appuyée sur les chiffres précis qu'il tira de son calepin, Georges Durtal démontra qu'il n'y avait pas à hésiter. Avec la nacelle d'Andrée, on pouvait suspendre aux agrès et au panier lui-même 1.200 kilogrammes de lest, permettant un séjour en l'air de trente à quarante heures.

Avec la nacelle du dirigeable et son poids formidable de machine, on était amené à terre à la première condensation de gaz...

On se sépara en silence, chacun s'étant réparti le travail. Le savant allait faire démonter son instrument, et, pièce à pièce, le transporter sur la banquise pour y faire les observations qui allaient assurer à son nom l'immortalité des Herschell et des Newton.

L'Américain et Bob allaient apporter à pied d'œuvre la nacelle de l'*Aigle* et Georges Durtal allait déterminer dans le réseau compliqué des câbles du *Patrie* quels étaient ceux qui allaient servir à sa suspension.

Les câbles ne manquaient point pour l'effectuer, mais il fallait de toute nécessité que le panier dominât la nacelle. La partie délicate du travail consistait à abandonner la lourde masse qu'était cette dernière sans que l'aérostat, subitement délesté de 1.500 kilos, prît brusquement son vol.

Georges Durtal s'installa dans la nacelle et s'abîma dans les méditations qu'exigeait ce dispositif compliqué.

Près de lui, Christiane songeuse s'assit, sentant que son fiancé avait besoin du réconfort de sa présence à cette heure difficile où le sort de l'expédition reposait sur sa connaissance des lois et des règles de l'aérostation.

A côté d'eux, Bob Midy mangeait tranquillement les reliefs du dîner.

Quant à sir James Elliot et à sa femme, qui les eût suivis dans la grotte funèbre eût été bien surpris de les voir prendre au magnésium, avec leur appareil photographique, la vue des deux martyrs du Pôle, de la nacelle et des ustensiles qui les entouraient.

Ainsi, malgré les lugubres pronostics qui venaient d'être énoncés, sir James voyait déjà ces sensationnels clichés en première page du *New-York Herald*, et au même moment, le docteur Petersen entendait, dans un bourdonnement flatteur, l'écho du communiqué qu'il allait livrer aux Instituts de Christiania et de Chicago.

Tant est tenace au cœur de l'homme le désir de vivre !

LE LEGS D'ANDRÉE

Confidences émues. — Fatalisme et inertie. — La trouvaille de l'Américain. — Hydrogène solidifié. — Son emploi. — Les doléances de Petersen. — Dernier adieu à Andrée. — Lest improvisé. — Au-dessus de la falaise. — Pauvre Bob ! — Chaos polaire. — Un revenant.

— Georges, vous n'espérez plus !... Et vous devez me maudire à cette heure...

— Vous maudire !... vous, Christiane !

— Oui, moi qui vous ai dit : « Il faut aller au Pôle », moi qui, ne sachant rien de la science de l'air, me suis imaginé que je pouvais vous conseiller, moi qui, déjà coupable d'avoir enfreint une première consigne, ai violenté votre sentiment de discipline en vous arrêtant sur le chemin du retour, moi enfin qui suis cause de notre perte à tous !...

Et les derniers mots de la jeune fille se perdirent dans un sanglot douloureux.

Monté sur le bordage, le jeune homme venait de

distendre avec un levier à fourche une des pattes d'oie qui répartissaient sur plusieurs points de l'aérostat le poids de la nacelle. Il ne fit qu'un bond vers Christiane, lui prit les deux mains dans un élan passionné et, ses yeux dans les siens :

— Christiane, je ne puis m'étonner de vous voir parler ainsi, fit-il, vous ne me connaissez pas. Les circonstances sont telles que nous nous appartenons sans nous connaître, et ce n'est d'ailleurs pas l'heure des confidences, car nos minutes sont comptées. Laissez-moi seulement vous dire ceci, et avec toute la sincérité que doit avoir un être dont la vie ne tient qu'à un fil : non seulement je ne vous maudis pas mais je vous bénis de m'avoir amené ici... Vous m'avez fait pénétrer dans un monde nouveau, entrevoir un idéal que je n'aurais jamais trouvé au fond de moi-même. Je vous bénis et je vous aime, Christiane.

Elle se rapprocha de lui dans un mouvement de confiante reconnaissance.

— Écoutez-moi, poursuivit-il. Mes parents étaient des humbles. Mon père, gardien de batterie dans un fort frontière, fut toute sa vie l'homme du devoir étroit et minutieux, dont l'horizon n'allait pas plus loin que ses casemates et les canons dont il avait la garde. Il est mort, après avoir pourvu à mon éducation, m'avoir vu entrer à l'École Polytechnique. Ma mère, avec qui je vis depuis, se confine dans la pratique des vertus domestiques, et moi-même je n'avais été, jusqu'au jour de notre rencontre, qu'un serviteur ponctuel, terre à terre, attaché à son devoir quotidien et ne rêvant rien au delà. Vous m'avez révélé qu'il y avait des ambitions sublimes, des devoirs qu'on trouvait au fond de soi-même, des responsabilités grandioses qu'il fallait savoir prendre. Vous m'avez fait comprendre en quelques heures ce qu'étaient ces Français aventureux qui nous ont légué un patrimoine de gloire et vous m'avez lancé sur leurs traces. Et voilà que le modeste officier que j'étais va peut-être contribuer à mettre au front de la Patrie une couronne de plus!... Oh! non, Christiane, je ne vous maudis pas... je vous aime autant que je vous admire, et quoi qu'il advienne maintenant, je vous remercie de m'avoir élevé jusqu'à vous. Vous m'êtes apparue comme une de ces héroïnes que jadis le peuple suivait d'instinct. Et voyez, en vous suivant, je suis arrivé ici, où nul Français n'est parvenu... Qu'adviendra-t-il maintenant? Je ne sais. Mais rien de ce qui nous attend ne m'effraie, puisque vous êtes là.

— Et moi, Georges, j'ai peur maintenant... peur de cette mort affreuse... de cette transformation de notre pauvre corps en squelettes grimaçants... Oh! Georges, l'horreur de cette vision, là-bas, dans la grotte, si vous saviez!... L'autre jour, pendant nos heures de veille dans la nacelle, je vous disais que je ne comprenais pas l'amour sans l'épreuve de dangers communs... Mais cette épreuve a été au-dessus de mes forces...

— C'est votre impressionnabilité de femme qui

intervient, Christiane, et je n'en suis pas surpris. Mais, à mon tour, je vous dis : Appuyez-vous sur moi ; chassez cette vision ; moi, elle ne m'effraie pas, parce que notre carrière est de celles où il nous faut souvent avoir l'idée de la mort devant les yeux. Si nous devons finir comme Andrée, je me vois sans terreur étendu à vos côtés comme nous les avons trouvés... Je voudrais seulement que ceux qui nous trouveront à leur tour disent, en voyant nos mains unies : « Ils se sont aimés jusqu'au dernier souffle »...

Elle ferma les yeux et murmura lentement :

— Oh ! merci, Georges, vous êtes bien l'élu que j'attendais... C'est ainsi que je voulais être aimée !... Oui, la vision s'efface... Votre affection chasse l'effroi ; elle me donnera la force. Et puis, nous sommes entre les mains de Dieu : qu'il fasse de nous ce qu'il voudra, pourvu qu'il ne nous sépare point.

Ils demeurèrent un instant silencieux, écoutant leurs deux cœurs harmoniser leurs battements. Si distants l'un de l'autre par leur origine, si dignes de se comprendre néanmoins, ces deux êtres se complétaient par leurs qualités natives, comme la nacelle et l'aérostat de ce *Patrie* qui les avait emportés vers les régions de mystère et l'inconnu d'amour. Elle avait joué le rôle de l'aérostat, élevant l'âme de celui qu'elle avait choisi et l'entraînant dans une envolée d'apothéose ; lui était semblable à la nacelle qui se laisse emporter, mais sur laquelle fonctionnent à toute hauteur les organismes de direction et d'équilibre nécessaires à l'ensemble.

Elle s'arracha la première à l'extase qui les envahissait.

— Cette heure est douce, dit-elle, et si Dieu nous ramène, je m'en souviendrai plus tard comme d'une des meilleures de ma vie ; mais nous n'avons pas le droit de la prolonger. Il faut vous remettre à ce travail de nacelle, Georges ; je vous fais perdre des minutes précieuses... Avez-vous quelque espoir ? Dites-moi la vérité.

Il secoua lentement la tête, et, montrant le baromètre :

Tout dépendra de la direction du vent qui va nous emporter.

— Vous prévoyez un coup de vent?

— Le baromètre a baissé depuis une heure de 18 millimètres. Il baisse encore. Cette dépression ne peut indiquer qu'un ouragan; mais de quel côté vient-il, je ne saurais le dire. Si, par malheur, il arrive du Spitzberg, nous risquons d'abord d'être brisés contre cette paroi de glace, si nous ne nous sommes pas enlevés à temps, ensuite d'être entraînés vers les régions les plus désertes, vers la Nouvelle-Sibérie ou les îles inhabitées de l'Amérique du Nord.

— Mais alors, c'est folie de causer comme nous le faisons... Ou bien, n'est-ce pas plutôt que vous jugez impossible de changer cette nacelle contre celle d'Andrée ?

— Vous avez touché juste, Christiane, vous me voyez inactif parce qu'il n'y a rien à faire : espérer, dans le court laps de temps dont nous disposons, faire une substitution comme celle-là, qui demanderait, en atelier, un travail de plus d'une journée, c'est s'illusionner lourdement. Et puis, ajoutez à cela que je suis un peu fataliste.

— Il ne faut pas être fataliste, Georges, c'est une doctrine d'inaction et de laisser-faire. Il y a là-haut quelqu'un qui voit vos efforts, qui les attend peut-être pour vous en récompenser...

Comme elle achevait ces mots, un amas de neige tomba devant eux. Il venait manifestement du haut de l'aérostat, car d'épais flocons le suivirent, partant du sommet de l'échelle de cordes qui conduisait à la soupape.

C'était Bob Midy qui, ayant entendu dire que cette surcharge empêcherait le ballon de s'envoler. essayait de se rendre utile en déblayant la partie supérieure de l'enveloppe.

Il s'était muni pour cette opération d'un des skis trouvés dans la grotte, et quand il l'eut suffisamment promené sur la soie comme un râcloir aux environs de la soupape, il se glissa à plat ventre vers l'avant, puis vers l'arrière, pour y continuer son ingénieuse opération. L'étoffe distendue lui faisait d'ailleurs un lit au passage, et en très peu de temps il eut déblayé le long fuseau, sauf aux environs des pointes, du lourd manteau qui le surchargeait.

Georges Durtal lui prodigua, quand il descendit, les plus chaleureux compliments.

— Il vient de nous gagner le poids de deux personnes, dit-il à Christiane. Or, c'est tout juste si sir Elliot ne voulait pas le laisser ici pour délester le ballon.

— Il fait mieux encore, Georges, il vous montre, avec son étroite intelligence de nègre, qu'il y a quelque chose à tenter et que l'inertie nous est interdite... Travaillons. Puis-je vous être bonne à quelque chose ?

Il fit signe que non, et remonta sur le bordage de la nacelle, pendant que Bob Midy, heureux des compliments reçus, courait, l'air épanoui, retrouver sir James dans la grotte.

Le jeune officier travaillait depuis une demi-heure dans le lacis des câbles, et il commençait à s'étonner de ne point voir l'Américain rouler jusqu'au *Patrie* le panier d'Andrée, comme il était convenu, lorsque, de la grotte, un appel monta jusqu'à eux.

Puis l'Américain parut, précédant Bob Mydy. Le nègre portait dans ses bras, comme il eût fait d'un enfant, un tube métallique de la grosseur du bras et d'un mètre de long environ, qu'il hissa, non sans peine, dans la nacelle.

Une des extrémités en était filetée et percée en son centre d'une couverture de 10 à 12 millimètres. Une petite roue de cuivre, portant les lettres O (open) et C (close), indiquait dans quel sens il fallait la tourner pour ouvrir et fermer l'orifice.

Sur le tube, on lisait, en lettres blanches :

HYDG. SOL. AMSTG. SOUTH. 1897.

— Il y a une douzaine de ces tubes dans une des anfractuosités de la grotte, dit l'Américain ; ils étaient dissimulés sous des peaux d'ours. Or, *Hydg*, veut dire hydrogène, n'est-il pas vrai?

Malgré son flegme, le milliardaire était très ému. Cette trouvaille, que rien ne pouvait faire prévoir, pouvait être le salut du *Patrie*.

Quant à Georges Durtal, le mot d'*hydrogène* avait produit sur lui l'effet que doit produire, sur le voyageur perdu au désert, la vue d'une source fraîche.

Ce précieux gaz était le sang du ballon ; infusé dans son enveloppe, il pouvait lui rendre la force ascensionnelle perdue, et si, au lieu de confier au vent une masse indirigeable, on repartait avec la nacelle et le moteur, on pouvait espérer encore le salut.

Même devant l'ouragan qui accourait, il ne faudrait pas désespérer ; on se laisserait emporter par lui, et le *Patrie* quitterait le Pôle comme il avait quitté Andevanne.

Mais après avoir essayé de comprendre ce que voulait dire le reste de l'inscription, l'officier du génie secoua la tête.

— Vous dites qu'il y a une douzaine de tubes comme celui-là ? demanda-t-il.

— Oui, et un autre beaucoup plus gros, mais moitié moins long, sur lequel on distingue des manettes et un cadran. L'aiguille du cadran est à zéro...

Je ne vois pas à quoi il peut servir, mais les autres contiennent *évidemment* de l'hydrogène et il faut les utiliser de suite, commandant. Bob et moi allons vous les apporter ici.

Mais Georges Durtal secoua la tête...

— Vous êtes sûr qu'il n'y a qu'une douzaine de ces tubes? fit-il.

— Oui, nous avons maintenant fouillé tous les coins de la grotte. Il n'y en a pas d'autres, mais si le gaz y est comprimé à 100 atmosphères, cela doit donner un volume important.

— Important, s'il s'agissait de réparer une perte de dilatation, oui, et c'est dans ce but qu'Andrée les avait emportés ; mais non dans le cas d'une perte accidentelle de l'importance de la nôtre. Un tube comme celui-là, d'une contenance de 10 à 12 décimètres cubes, peut contenir 12 à 15 mètres cubes de gaz à la pression normale, ce qui donne 150 mètres cubes pour l'ensemble de l'approvisionnement d'Andrée. C'est une force ascensionnelle de 160 kilogrammes ; or, il nous en faudrait dix fois autant.

— Attendez, fit l'Américain, dont le regard s'éclaira, attendez, je crois me rappeler... *Armstg* veut dire Armstrong. C'est le grand constructeur anglais et il a à *Southampton* — *South* c'est bien cela — une usine dans laquelle il a obtenu l'hydrogène *liquéfié*. Sous cette forme, ce tube doit contenir bien plus de 15 mètres cubes.

Pressés autour du cylindre d'acier qu'une peinture brune avait préservé de la rouille, les passagers du

Patrie le considéraient avec l'anxieuse attention que doivent apporter à l'examen d'un végétal inconnu des naufragés mourant de faim dans une île déserte.

Bob Midy lui-même semblait comprendre que, de sa trouvaille — car c'était bien lui qui avait déniché les tubes dans une excavation pratiquée à leur intention — pouvait sortir quelque chose de bon pour l'expédition, car il ne fit qu'un saut dans la neige et courut vers l'entrée de la grotte.

— Bob, va chercher les petits frères, cria-t-il.

Les petits frères, c'étaient les autres tubes, et quand il revint, avec le second, Georges Durtal, qui n'avait cessé de considérer l'inscription, eut une exclamation joyeuse.

— Mais nous avons là bien plus d'hydrogène encore que nous le pensons, dit-il... Le mot *sol*, à n'en pas douter, veut dire « solidified »... C'est donc du gaz en bâtons que contiennent ces récipients.

— Vous croyez qu'on a pu solidifier l'hydrogène ailleurs que dans les laboratoires ? interrogea sir Elliot...

— Je crois qu'Armstrong a dû en faire préparer spécialement pour l'expédition d'Andrée et lui en faire cadeau. Il me semble avoir entendu parler de quelque chose de ce genre en 1896 ou 97. Si c'est vraiment de l'hydrogène solide que contiennent ces récipients, nous avons là sous la main une force expansive formidable, et les tubes doivent avoir une épaisseur appropriée.

— Voici la manette d'ouverture, sans doute, fit l'Américain en tournant de quelques spires la petite roue de cuivre.

Soudain, un jet blanchâtre jaillit de l'extrémité filetée du tube avec un bruit effrayant. Il semblait que le crépitement d'une fusillade se fût déchaîné soudain. Des gouttelettes brillantes, semblables à du métal en fusion, furent projetées dans la neige, quelques-unes assez loin, et semblèrent y éclater comme de petits projectiles, en flocons bleuâtres.

Un recul général s'ensuivit, et mistress Elliot, qui venait de remonter dans la nacelle en repliant son kodak, disparut dans la tente d'arrière.

Par bonheur, aucun des passagers ne s'était trouvé sur le trajet de cette mitraille d'un nouveau genre ; car chacun des projectiles, faisant office de balle explosible, eût été meurtrier.

Sir Elliot avait refermé aussitôt le dangereux orifice.

— Impossible d'utiliser une force aussi brutale, dit l'officier, dont le visage manifesta une vive déception : on crèverait fatalement l'enveloppe en lui envoyant directement le gaz sous cette forme.

— C'est extraordinaire, dit l'Américain, fort impressionné. Je n'aurais jamais cru à de pareils effets. Notre mitrailleuse Hotchskiss crache de cette façon. Ce sont de véritables paquets de balles qui sont partis là, et cet engin-là a plutôt l'air d'un canon pour ours blanc que d'un tube de ravitaillement.

— Tenez, montra Christiane, voyez ce trou dans

la neige : ne dirait-on pas la trace d'un projectile ?

— Projectile que j'ai failli recevoir, fit le savant, dont la tête se montra au-dessus du bordage... Votre feu à répétition a interrompu toutes mes opérations. Que se passe-t-il ?

On le mit au courant, et, quand il eut jeté un coup d'œil sur les dangereux récipients :

— Diable ! fit-il. Mais il y a là de quoi faire sauter un iceberg, et je ne m'étonne pas de l'effet produit. Il est démontré, vous le savez, que l'hydrogène est un métal. Ce sont donc bien des projectiles métalliques qui viennent de s'échapper, et il ne faudrait pas recommencer l'expérience.

— Mais alors ?... interrompit sir Elliot.

— Savez-vous, proclama Petersen, qu'Armstrong a dû employer, pour solidifier ce gaz, deux à trois cents atmosphères de pression et 150 degrés de froid ?

— Froid auprès duquel notre température polaire est une brise printanière, ajouta mistress Elliot en passant sa tête à l'ouverture de la tente. Mais vous avez été bien imprudent, James, en manipulant comme vous l'avez fait un produit aussi dangereux, et nous n'avez plus qu'à faire reporter ces tubes par Bob où il les a trouvés...

— N'en faites rien, fit vivement Georges Durtal. Le salut est là et il n'est que là... Si nous arrivons à discipliner ce terrible jet, il devient inutile de changer de nacelle : le contenu de cinq ou six de ces tubes rendra à notre *Patrie* toute sa force ascensionnelle.

Le discipliner, mais c'est bien simple, fit le docteur Petersen ; seulement, il faut avoir l'appareil approprié et il n'est pas possible qu'Andrée n'en ait pas été muni, puisque, sans lui, il n'aurait pu employer le gaz solidifié.

— Qu'est-ce donc ?

— C'est un récipient à plusieurs compartiments avec soupapes automatiques ; le gaz s'y détend successivement et, quand il arrive dans le dernier, il est à la pression voulue pour être envoyé dans l'aérostat : c'est comme une antichambre, où l'hydrogène entre solide, devient liquide, puis gazeux... Mais, sacrebleu ! quel refroidissement doit accompagner une pareille cuisine !...

— Mais, cet appareil, nous l'avons vu, s'écria l'Américain : c'est le gros cylindre, seul de son espèce, dont je parlais tout à l'heure.

Et il donna aussitôt à Bob Midy, qui arrivait avec un nouveau tube, des explications précipitées.

Le nègre repartit en courant.

Quand le gros tube court fut à son tour hissé dans la nacelle :

— C'est bien cela, fit Petersen admiratif. Cet engin-là est une véritable usine à lui tout seul, et il va se passer dans ses flancs un petit travail assez semblable à celui qui avait lieu jadis à l'intérieur de notre planète, quand elle commençait à se refroidir...

— Hâtons-nous, docteur, intervint Georges Durtal. Le baromètre continue à baisser... l'ouragan ne doit plus être loin... S'il nous trouve ici, nous serons enlevés comme un fétu de paille.

— Le baromètre a baissé? interrogea le savant qui avait remis ses lunettes.

— Oui, de 24 millimètres, depuis deux heures du matin.

Le front du docteur se barra d'un pli.

— Alors oui, fit-il, hâtons-nous, car cette dépression est considérable sur cette banquise dénudée. Je ne serais pas surpris que nous tombions dans un véritable cyclone...

— Vite! sir James, dit l'officier. Aidez-moi à visser ensemble ces deux tubes.

— Et moi qui venais vous demander de suspendre le départ et d'attendre encore quelques heures! fit le savant en regardant au zénith!... Car si vous partez de suite, c'est la plus grande satisfaction réservée au premier explorateur du Pôle qui m'échappe.

— Laquelle donc? demanda l'Américain.

— J'ai disposé mon appareil dans un état d'horizontalité parfaite; la lunette est dirigée vers le zénith avec une correction de 0° 46′ 31″, correspondant à l'écart vers α de la grande Ourse de l'Étoile polaire, écart qui correspond au jour où j'opère. A la première éclaircie, l'Étoile polaire doit m'apparaître exactement, rigoureusement, à la croisée des fils de mon objectif... Comprenez-vous l'émotion scientifique dont je vais être privé, faute de quelques heures ?... Car cette brume va se dissiper, l'ouragan lui-même va s'en charger.

Mais nul n'écoutait plus Petersen. Les regards inquiets interrogeaient maintenant l'horizon, dont la menace était encore dissimulée par le voile impénétrable des brouillards polaires, et une activité fiévreuse empêchait le Français et l'Américain de prendre garde aux doléances du savant.

Celui-ci d'ailleurs n'attendait pas de réponse ; il était habitué à parler à la cantonade et, sans être écouté, il poursuivit :

— Comprenez-vous cette émotion?... Cette vérification suprême et décisive de mes observations précédentes, de mes visées d'étoiles, de mes calculs de parallaxes... Certes, lorsque votre illustre compatriote Leverrier, mon cher commandant, braqua son télescope sur le point du ciel où il attendait *Neptune* dont il avait deviné l'existence par le calcul des perturbations d'*Uranus*, il n'éprouvait pas une émotion comparable à la mienne. Songez que...

— Je songe, maître, fit Georges Durtal, tout en continuant l'installation de l'appareil sauveur, je songe que vous n'avez plus que le temps de faire transporter votre appareil dans la grotte, si vous voulez qu'un jour il soit retrouvé...

— Mais mes calculs...

— Emportez-les pour les vérifier quelque autre part, si nous nous tirons de là... Mais, croyez-moi, il ne faut plus songer qu'à nous enlever d'ici au plus vite.

Tout en monologuant, le jeune homme avait tiré d'un coffre un manchon jaunâtre en soie imperméabilisée, avait grimpé dans les cordages pour l'ajuster à une ouverture de même diamètre, pratiquée dans l'aérostat et terminée par un manchon semblable. Cette opération terminée par une forte ligature, il avait fixé l'autre extrémité du manchon au gros tube-antichambre, comme l'appelait le docteur Petersen.

— Attention! fit-il, j'ouvre... Préparez les autres tubes et montez-les tous à l'avance dans la nacelle...

Et, avec la plus grande précaution, il tourna la roue de cuivre...

Un ronflement formidable se produisit... C'était bien, suivant la comparaison du savant, une véritable usine qui se mettait à fonctionner. Au bout de quelques instants, l'aiguille du manomètre monta de 0 à 75, et un autre index, qu'on n'avait pas remarqué à l'extrémité opposée, se mit à sautiller le long des graduations parallèles...

— Il faut sans doute attendre qu'il soit à cette graduation 2 1/4 soulignée en rouge, dit l'officier... Ma foi, nous n'avons pas le temps d'étudier cela... A la grâce de Dieu!

Et, lentement, il ouvrit le robinet gradué qui, noyé dans l'épaisseur du métal, pour être préservé de tout contact accidentel, donnait issue au gaz détendu.

D'ailleurs, manomètre et index disparaissaient à vue d'œil sous l'épaisse couche de givre qui se formait à la surface de l'appareil, dénotant à l'intérieur la présence d'un effroyable froid.

A peine l'officier eut-il ouvert une issue au gaz, que le manchon de soie s'enfla soudain, arrondi, gonflé à bloc. Un jet bruyant venait de tendre l'étoffe avec violence, et Georges Durtal eut un instant la mortelle angoisse de la voir éclater. Le manchon n'était pas fait évidemment pour des pressions semblables.

Il résista néanmoins, et maintenant, le gaz, délivré de cette prison où, depuis treize ans, il était tenu captif, fusait vers le *Patrie* avec une incroyable rapidité...

On vit presque aussitôt l'enveloppe de l'aérostat se tendre, et, afin de permettre à l'hydrogène de prendre la place de l'air qui avait été envoyé en excès dans les ballonnets pour maintenir au *Patrie* la permanence de sa forme, le lieutenant aérostier déclancha l'une des deux soupapes inférieures qui, au-dessus de leur tête, en permettait l'évacuation.

Cette opération faite, il n'y avait plus qu'à attendre.

— Si le vent nous en laisse le temps, nous sommes sauvés, fit Georges Durtal en se rapprochant de Christiane.

— Et sauvés par Andrée, fit-elle... Pauvre Andrée! C'est un legs qu'il nous a laissé en mourant.

Et comme si une idée subite lui fût venue :

— Combien supposez-vous qu'il faille de temps encore pour vous remettre en état de partir?...

— Pour restituer complètement au ballon tout le gaz qui lui manque, il nous faudrait plusieurs heures, même avec un jet aussi puissant que celui-là et qu'on n'oserait jamais employer dans un gonflement normal. Pour pouvoir nous enlever tous les six, l'aérostat étant délesté de l'appareil du docteur, du traîneau et d'une partie des provisions, il faudra deux heures, peut-être moins...

— Pauvre traîneau! laissez-moi le conduire dans la grotte. Nous lui devons beaucoup... Qui sait s'il ne pourra pas rendre d'autres services à ceux qui viendront après nous?...

— Je vous reconnais bien là, Christiane!... mais je serais si inquiet de ne pas vous voir là près de moi... Sait-on jamais, avec la soudaineté des orages dans ces régions où aucune montagne n'arrête le vent sur plus de mille kilomètres...

— Je ne perdrai pas de temps... Voyez, le docteur Petersen s'occupe lui aussi de transporter là-bas les pièces de son appareil... Et puis, je veux faire une dernière prière auprès de ces deux abandonnés...

— Promettez-moi d'avoir constamment l'œil sur l'aérostat... Il est encore immobile et c'est comme un répit providentiel...

— Ah! monsieur le fataliste, vous en arrivez à la Providence!

— J'arrive à tout avec vous, Christiane... N'êtes-vous pas mon inspiratrice, ma vie,... tout pour moi?... Mais, je vous le répète, promettez-moi, si vous voyez des oscillations se produire dans le ballon, de regagner aussitôt la nacelle.

— C'est promis. De votre côté, rendez-moi le pavillon que je vous avais confié en partant...

Il l'avait encore autour de la taille ; il s'en débarrassa en souriant et le lui tendit.

— Vous songez toujours à votre idée de priorité? fit-il...

Mais le visage de la jeune fille était devenu grave et ses yeux s'embrumaient de mélancolie.

— Vous ne m'avez pas devinée, fit-elle, il faudra à l'avenir mieux lire en moi... Non, nous n'avons plus le droit de mettre nos couleurs à côté de celles de la Suède : elle nous a devancés... Mais je vais étendre notre pavillon sur ces deux morts, et si plus tard un explorateur retrouve ce linceul, il saura que la France est passée là pour saluer l'héroïsme et prier pour ses frères en Dieu.

— Christiane, fit-il, très ému, vous êtes... vous êtes...

Il s'interrompit, ne trouvant pas le qualificatif qui rendrait son admiration, et d'un accent passionné, il répéta :

— Comme je vous aime et comme je vous aimerai !

Elle s'échappa légère, souriante, heureuse, enjamba le bordage et descendit rapidement l'échelle de corde. Il la vit courir vers le traîneau, le mettre en mouvement, s'y installer.

L'ouverture de la grotte n'était qu'à une centaine de mètres, mais peut-être faudrait-il l'agrandir pour y faire passer le précieux véhicule, et une vague inquiétude s'empara du jeune officier.

Il se reprocha de l'avoir laissée descendre.

S'il arrivait quelque chose !... Si elle n'était pas là au moment critique !...

Le gaz continuait à fuser avec force. Un premier tube était épuisé ; on lui en substitua un second et l'opération continua. L'hydrogène chassait l'air des ballonnets, et, à la tension des câbles, on devinait le rapide accroissement de force ascensionnelle, mieux qu'on ne le voyait par la disparition de la vaste poche creusée sous la pointe du *Patrie*.

La dépression barométrique s'était arrêtée. Sans doute elle était au plus bas.

Une légère oscillation se produisit dans la masse de l'aérostat et un des cabillots que Georges Durtal avait enlevé de son logement tomba à l'extérieur, pendant au bout de son câble. L'officier se hâta de le remettre dans son alvéole et de resserrer les pattes d'oie qu'il avait distendues.

Cette oscillation, c'était le premier avertissement du vent.

L'officier passa l'inspection de la machine, regarda la haute muraille de glace.

— Pourvu qu'une hélice n'aille pas heurter cette paroi, quand nous nous enlèverons, pensa-t-il.

Il songea aux précautions qu'on prenait à Moissons, à Chalais, pour sortir le dirigeable de son hangar. Il revit Juchmès, le pilote, surveillant les équipes d'aérostiers, l'ingénieur Julliot consultant l'anémomètre. Il eut une réflexion involontaire :

— S'ils nous voyaient ici !

Tout dépendait de la direction qu'allait avoir ce vent, dont le souffle avant-coureur s'annonçait déjà, car une seconde oscillation, plus large, plus longue, fit pencher la nacelle.

— Sir James, préparez les sacs de lest, avec le couteau tout prêt pour les couper à mon signal... C'est vous qui êtes chargé de cela. Quant au docteur, il aura à jeter les tubes vides par-dessus bord, mais à mon indication seulement... Vous, mistress Elliot — veuillez m'excuser de vous donner un rôle — je vous conjure d'aller chercher Mlle de Soignes et de la ramener au plus tôt...

Puis, se penchant au dehors, il appela :

— Docteur !... Vite, j'ai besoin de vous.

Sa voix avait un accent d'autorité que nul ne lui avait vu jusqu'à présent.

L'approche du danger réveillait en lui le chef responsable.

— Me voici, fit Petersen, mais j'ai encore à remonter l'instrument dans la grotte : c'est l'affaire d'un quart d'heure.

— Ce quart d'heure peut être mieux employé ici. docteur. Veuillez observer de quel côté nous arrive le vent ?

La question était capitale en effet et, de la nacelle, il était impossible de la résoudre. Le savant s'éloigna d'une cinquantaine de mètres, resta un instant en observation et revint en déclarant :

— Le vent vient du Groenland.

Un pli profond barra le front du jeune officier. C'était, avec celle du Spitzberg, la direction qu'il redoutait le plus.

Car il y avait d'abord la haute paroi à franchir sans heurt, et de l'autre côté, c'étaient les immenses espaces inconnus qui s'étendaient jusqu'au détroit de Behring...

— Docteur, voyez-vous la nacelle se soulever?...

— Non. L'extrémité du trépied de sustentation s'est taillé un logement dans la glace. Je ne constate aucun soulèvement.

Quelques gouttes de sueur perlèrent au front de Georges Durtal, aussitôt transformées en stalactites de glace. La nacelle ne se soulevait pas encore et il restait trois personnes à embarquer... La force ascensionnelle était encore insuffisante.

Sir James, hâtivement, vissait le quatrième tube. L'avant du ballon reprenait son profil effilé en forme de bec.

Tout à coup, une angoisse traversa Georges Durtal.

Et si tout d'un coup l'aérostat s'enlevait, arrachant l'ancre que Bob Midi avait enfoncée avec soin dans une anfractuosité de la paroi glacée!...

C'était peu probable, étant donné le poids énorme des tubes pleins ou vides entassés dans la nacelle et dont l'officier comptait se servir comme premier lest au départ. Mais, ce que la force ascensionnelle ne pouvait faire encore, un coup de vent subit pouvait le provoquer... Et Georges Durtal appela désespérément :

— Christiane !...

De son côté, l'Américain, effrayé par une nouvelle oscillation de l'aérostat, jeta un « Cornelia » retentissant.

Les deux femmes n'apparaissaient point. Georges Durtal escalada le bordage.

— Restez ici, commandant, je vais les chercher...

— Non, sir James ; continuez à surveiller l'opération. Je reviens...

Au bas de l'échelle, Georges Durtal trouva Bob apportant le dernier tube. Quand le nègre l'eut déposé dans la nacelle, l'officier pria l'Américain de lui ordonner d'en descendre un vide. Lorsque Bob eut obéi, l'officier, dressant contre l'échancrure où l'ancre était enfoncée le cylindre d'acier, expliqua par gestes au nègre qu'il devait s'arc-bouter avec force contre ce tube et empêcher ainsi l'ancre de déraper.

La tête crépue s'agita plusieurs fois en signe de compréhension, et, plus tranquille en pensant que la résistance de l'ancre serait doublée par ce dispositif, le jeune homme se précipita vers la grotte...

Les deux femmes n'avaient pas entendu l'appel : elles priaient...

A l'entrée du couloir, les pièces de l'instrument de Petersen étaient éparses, jetant dans la demi-obscurité de la grotte le scintillement de leurs cuivres et le reflet plus doux de leurs limbes en aluminium.

Le traîneau s'allongeait maintenant aux pieds des cadavres, et, sur leurs deux couchettes de peau, s'étalait, déroulé, le pavillon du *Patrie*. Un jour blafard, pénétrant par l'ouverture de la voûte, éclairait ce tableau, que le jeune homme eut trouvé d'un pathétique intense, si son anxiété n'eût été plus intense encore.

— Christiane! vite, je vous en supplie... Il faut embarquer.

Elle se releva, et mistress Elliot l'imitant montra à Georges Durtal un portefeuille à l'angle duquel un chiffre en or faisait saillie sur le cuir fauve.

— J'ai trouvé cela sous la tête de celui-ci, fit-elle en montrant le cadavre à barbe blonde. Voyez les deux lettres : F A. Je ne connais pas le prénom d'Andrée, mais l'A ne laisse aucun doute... Celui-ci est donc bien Andrée.

Elle serra dans la poche intérieure de son manteau de fourrure le précieux document, et, malgré le gravité de l'heure, le jeune officier ne put s'empêcher de donner un long regard au courageux Suédois.

— Si nous devons être sauvés, dit-il, c'est à lui que nous le devrons.

— Georges, je vous en prie, fit Christiane, prenez cette pelle et obstruez vite l'entrée avec de la neige, dès que nous serons sorties.

— Nous n'avons plus une minute à perdre, Christiane; écoutez...

Un grondement lointain montait jusqu'à eux du fond de l'horizon.

— C'est une idée absurde peut-être, Georges, mais mon émotion première m'a reprise... Il me semble que je partirai plus calme, si vous faites ce que je désire... Nous avons violé cette sépulture. Si nous ne la refermons pas dernière nous, un ours, un fauve viendra qui dispersera ces restes... J'ai le cœur qui défaille rien que d'y penser... Faites ce que je vous demande, Georges...

Il n'objecta rien, et au sortir de l'étroit passage se borna à dire :

— Regagnez vite la nacelle et embarquez pendant ce temps. L'orage approche.

— Nous nous embarquerons ensemble, Georges... Vous, mistress Elliot, prenez les devants... Écoutez d'ailleurs votre nom : sir James vous appelle.

L'Américaine partie, l'officier accumula rapidement de la neige à l'entrée du passage. La jeune fille la tassait nerveusement avec ses petits pieds.

—Encore un peu, Georges; ce n'est pas assez haut.

Il ne songeait pas à résister. Perdre du temps en un pareil moment était folie, sa raison le lui disait; mais son fatalisme reparaissait, doublé d'une sorte de superstition dont Christiane était l'objet.

« Elle était la bonne fée de l'expédition », avait dit sir James, et le jeune homme le croyait fermement.

Donc, ce qu'elle demandait là, il pouvait, il devait le faire sans hésitation.

Quand il eut terminé, elle dit d'une voix grave, dans le vent qui montait : « Adieu, Andrée ! », puis ils prirent leur course, se tenant par la main.

Maintenant, l'air glacé leur fouettait le visage et, autour d'eux, des traînées de ouate semblaient courir... La brume se dissipait et, au détour du promontoire de neige que surmontait le drapeau d'Andrée, l'aérostat leur apparut avec netteté. Il se balançait et commençait à rebondir contre la haute paroi qui ne l'abritait point, puisque l'ouragan arrivait du côté de la banquise.

Du côté du Spitzberg, un éclair jaillit, et, quelques secondes après, un coup de tonnerre sec et semblable au crépitement d'une fusillade lointaine se répercuta sur la haute falaise.

L'Américain faisait de la nacelle des gestes désespérés, et ses appels, mêlés à ceux de mistress Elliot et du savant, se précipitaient.

En un clin d'œil, les deux jeunes gens arrivèrent au pied de l'échelle et Georges Durtal fit passer la jeune fille devant lui.

La nacelle se soulevait, retombait et quand l'enveloppe, heurtant la blanche muraille, était renvoyée par elle comme une balle élastique, tout le réseau de cordages criait sous les brusques soubresauts de la grande barque d'acier.

Le ronflement du gaz indiquait que, malgré l'augmentation manifeste de force ascensionnelle, l'Américain n'avait pas interrompu l'opération du gonflement.

— Enfin! vous voilà, fit-il, quand Georges Durtal sauta dans la nacelle. Nous sommes au complet... Il n'y a plus un instant à perdre. Que faut-il faire?

— Au complet? dit l'officier. Non, Bob n'est pas là, il surveille l'ancre. Dites-lui de remonter, sir James.

Maintenant, poursuivit-il, jetons successivement les tubes vides au dehors. Combien y en a-t-il?

— Il y en a sept, les voici...

— Après eux, nous jetterons le lest, et puis, si c'est nécessaire, les tubes pleins... les derniers...

— Il en reste trois... Dépêchons-nous!... Ces inclinaisons de la nacelle sont horriblement dangereuses... Tenez-vous bien, Cornelia!

— Il nous faudrait nous enlever assez vite, dit l'officier, pour que la nacelle ne frotte pas contre la paroi, à cause de l'hélice. Sir James, c'est vous qui couperez la corde d'ancre, dès que je vous le dirai... Vous, docteur, aidez-moi à jeter ces tubes au dehors.

Successivement, les sept tubes vides furent précipités par-dessus bord. Au moment où le dernier venait de délester la nacelle, un nouveau coup de tonnerre éclata, beaucoup plus proche, et l'horizon entier fulgura.

L'ouragan arrivait au galop.

Devant son souffle puissant, ce qui restait de brouillard s'évanouit en quelques minutes comme un rideau qu'on tire, et la banquise s'étala sous les yeux des aéronautes, immense et striée de reflets électriques, qui en prolongeaient, jusqu'à l'extrême horizon, la nappe éblouissante.

Vers la gauche, du côté opposé au promontoire d'Andrée, la falaise se prolongeait en une ligne fuyante qui allait se fondre dans des blancheurs lointaines.

— Je vois *Sirius* à l'œil nu, clama le docteur! Et voici *Pollux!*... Ah! si j'avais mon instrument!...

— Les sacs de lest maintenant!

Il en restait une vingtaine, représentant près de 200 kilos. L'Américain coupa successivement les ficelles qui les retenaient au bordage et ils s'écrasèrent dans la neige, sans que la nacelle se soulevât franchement.

Or, tant qu'elle ne tirait pas d'une façon continue sur la corde d'ancre, on ne pouvait espérer voir l'ascension se produire assez rapidement pour éviter les rudes frottements contre la falaise que Georges Durtal redoutait par-dessus tout.

— Christiane, fit-il, je vous en conjure, entrez dans la tente... Il va se produire des heurts capables de vous jeter dehors... Je n'aurai pas la liberté d'esprit nécessaire, si je crains pour vous.

Elle obéit, rejoignit l'Américaine, et l'officier chercha autour de lui ce qui lui restait à jeter.

Il y avait encore les trois tubes pleins d'hydrogène solidifié ; après eux, le matériel du ballon et les approvisionnements de l'expédition devaient suivre.

Cependant, le docteur, tout en aidant l'officier de son mieux, se répandait en amers regrets que traduisaient de brusques apartés.

— L'étoile polaire est maintenant visible à l'œil nu... là, cachée par cette masse stupide... Tous mes diplômes pour une observation d'un quart d'heure à cent pas d'ici... C'est une fatalité!...

Mais il s'interrompit. Un coup de tonnerre d'une violence inouïe éclata au zénith, et le ballon parut tout irradié d'effluves phosphorescentes. Une odeur caractéristique, celle de l'ozone, consécutive à la chute de la foudre, emplissait l'atmosphère.

Les éclairs se succédaient pressés, papillonnants, et Georges Durtal ne put retenir une exclamation terrifiée.

— Pourvu que notre ballon ne prenne pas feu!...

L'Américain l'entendit, et vivement se pencha...

Soudain, la nacelle quitta le sol, frôlant la paroi de glace. Un heurt violent de l'aérostat contre la falaise l'en éloigna quelques secondes, mais le long fuseau vint y rebondir de nouveau, imprimant à la nacelle une secousse qui l'inclina à 45 degrés.

L'étoffe résisterait-elle à de pareilles épreuves? Le gaz, comprimé par ces chocs répétés, n'allait-il pas faire sauter la soupape; ou bien encore les câbles métalliques, rendus cassants par le froid, ne risquaient-ils pas de se rompre?

Autant de questions angoissées que se posa Georges Durtal pendant les instants d'épouvante où la nacelle escaladait la haute muraille.

— Vous avez donc coupé la corde? interrogea fébrilement l'officier.

— Il le fallait, commandant.

— Et Bob?... Il n'est pas là!...

L'Américain ne répondit rien.

Maintenant, la nacelle arrivait au sommet de la falaise. Et voilà que, au moment où l'hélice allait buter contre la glace, Georges Durtal aperçut, accroché à l'une de ses branches, un corps qui s'agitait frénétiquement.

C'était le malheureux nègre qui, laissé à la garde de l'ancre et recevant sur le dos la corde coupée par l'Américain au ras du bordage, s'était suspendu aux tubes de sustentation pour ne pas manquer le départ.

Pendant l'escalade de la muraille, il avait, à coups de pieds vigoureux, écarté de la paroi de glace l'hélice et son axe, de sorte qu'inconsciemment, il avait évité au *Patrie* ce que Georges Durtal redoutait le plus, un axe faussé ou une branche d'hélice rompue.

Mais quand la nacelle eut dépassé le bord du plateau, elle se coucha, et Bob Midy, obligé de lâcher son point d'appui, disparut...

Georges Durtal ne put retenir un cri d'horreur.

— C'est votre faute, sir James, si ce malheureux est perdu... Vous deviez le rappeler avant de couper la corde de l'ancre; vous ne l'avez pas fait!...

La voix du jeune homme tremblait de colère et d'émotion. Près de lui, Christiane, qui venait de sortir de la tente et avait tout deviné, ajouta :

— C'est mal, sir James, très mal !

L'Américain hocha la tête. La sensiblerie de ces Français lui paraissait parfaitement ridicule en un pareil moment.

Il tenait à Bob comme à un chien bien dressé, mais ne lui accordait pas plus de valeur qu'à ce chien. A cette heure de lutte pour la vie, la vie de ce nègre ne comptait pas.

Enfin, sa perte ne regardait que lui, Elliot.

L'heure n'était d'ailleurs pas aux récriminations.

Brutalement secouée, la nacelle heurtait de son tube de sustentation la surface du plateau ; la force ascensionnelle était manifestement encore insuffisante, et, dans le désarroi de ses pensées, l'officier ne put s'empêcher de se dire que la froide cruauté de l'Anglo-Saxon était leur salut à tous, car, avec le poids du nègre en plus, on risquait un traînage d'autant plus redoutable que la vitesse s'accélérait rapidement et qu'au lieu d'un plateau uni comme la banquise, le *Patrie* franchissait maintenant un amoncellement de blocs erratiques formant ce que les explorateurs appellent un *icefield*.

Il fallait absolument délester encore la nacelle d'une centaine de kilogrammes et, ne voulant pas sacrifier les trois tubes d'hydrogène restant, plus précieux que les vivres, Georges Durtal fit signe au docteur de saisir avec lui une des trois cantines à vivres.

— Pas celle-là ! s'écria la voix vinaigrée de mistress Elliot.

Et elle prouva qu'en bonne Américaine elle ne perdait pas la tête dans les moments critiques, car, grâce à elle, on jeta une caisse d'ustensiles au lieu de jeter une caisse de provisions.

Ces dernières, d'ailleurs, allaient suivre, lorsque le regard de Georges Durtal tomba sur l'appareil de télégraphie sans fil...

A quoi désormais leur servirait-il, dans les régions désertiques où le *Patrie* était entraîné?...

Et, retirant successivement de leurs alvéoles plusieurs des lourds accumulateurs qui fournissaient au T. S. F. son énergie électrique, il les lança au dehors.

Il était sur le point d'en faire autant pour les appareils de transmission et de réception eux-mêmes, lorsque le docteur lui mit la main sur le bras et, montrant le baromètre :

— 90 mètres... Nous montons.

Georges Durtal se pencha ; le paysage glacé défilait maintenant sous la nacelle à une vitesse vertigineuse...

C'était une région véritablement chaotique, aussi bouleversée que la banquise parcourue la veille était plane et unie. Les jeux de lumière y faisaient scintiller des aiguilles et y creusaient des abîmes.

Çà et là, de vastes espaces miroitaient, regards de la mer libre, de cette Polynia aux profondeurs mystérieuses parcourues par les derniers effluves du Gulf-Stream.

Le regard perdu vers cet horizon qui s'enfuyait,

le docteur Petersen se sentait l'âme gonflée de regrets. Que de sujets d'études, que d'embryons de découvertes lui échappaient à tout jamais!

Que ne pouvait-il s'arrêter au milieu de ce chaos, où le malheureux nègre allait mourir de faim et de froid, et y surprendre les secrets de la formation des *icefields*, des débâcles polaires et des dérives sous-marines!...

Malgré les travaux de Tyndal et des savants qui l'avaient précédé, l'étude glaciaire ne pouvait avoir son contrôle qu'au Pôle même. C'est dans ces lieux, temoins actuels de la période glaciaire qui a joué un si grand rôle dans l'histoire physique du monde, que sont déposées les clefs de nombreux mystères géologiques.

Et l'âme du savant se teintait de mélancolie à la pensée qu'il en passait si près sans pouvoir les saisir.

Cette mélancolie, chez Christiane, était devenue un profond serrement de cœur depuis l'abandon de Bob Midy.

Que le milliardaire eût eu la barbarie de payer leur salut à tous d'une vie humaine, c'est ce que sa généreuse et enthousiaste nature se refusait à comprendre, encore moins à accepter. Sa chaude imagination lui montrait le malheureux errant parmi les *névés* et les *toross*, cherchant le ballon à l'horizon et, dans sa naïveté ignorante, s'imaginant peut-être qu'on viendrait le rechercher.

Le ballon montait...

Emporté dans le vent, il fuyait vers l'inconnu.

Pour le moment donc, ils étaient sauvés, ils avaient échappé au danger le plus redoutable, celui d'être écrasés contre la falaise, avant d'avoir pu fuir, par le formidable cyclone qui maintenant faisait rage au-dessus du tombeau d'Andrée.

Mais toute la joie qu'eût dû en ressentir la jeune fille était gâtée par la pensée de cette agonie douloureuse d'un être humain injustement sacrifié. Elle maudissait l'Américain et mistress Elliot elle-même, dont toute l'oraison funèbre avait été un « Pauvre Bob ! » assez banal, et elle avait toutes les peines du monde à ne pas leur crier son indignation.

En somme, le malheureux nègre avait pourtant bien gagné sa place dans cet aérostat, où Georges Durtal ne l'avait accueilli qu'avec méfiance à la suite de son escapade sur la soupape. Son mauvais tour involontaire du début, Bob l'avait racheté en refermant cette même soupape, à l'instant le plus tragique de leur chute sur la banquise, en travaillant de son mieux au cours du sauvetage, et surtout en débarrassant l'enveloppe de son manteau de neige.

Sans l'initiative qu'il avait montrée là, quelques instants seulement avant le départ, le *Patrie* eût-il pu s'enlever ?

Son abandon était donc une mauvaise action, une révoltante injustice.

Pauvre nègre !...

Et comme la jeune fille, assise près du volant, murmurait de nouveau à son fiancé cette exclamation attendrie, deux mains velues s'agrippèrent soudain au rebord de la nacelle, et presque aussitôt la tête crépue de Bob apparut au-dessus du bordage.

Ses yeux jaunes roulaient d'une façon comique et ses grosses lèvres découvraient deux rangées de dents magnifiques.

D'un vigoureux rétablissement sur les poignets, exécuté sans la moindre apparence d'effort, il sauta dans la nacelle. Puis, se précipitant vers sir James, avec tous les signes de la joie la plus vive, il lui expliqua avec volubilité qu'il s'était réfugié dans le triangle des tubes de sustentation, qu'il avait « beaucoup dansé » sur la neige, mais qu'il était tout à fait content de retrouver un si « excellent maître ! »

DANS LE CYCLONE

Vers le détroit de Behring. — Volcan sous-marin. — La confiance de mistress Elliot. — Bob Midy et le sauvetage du whisky. — L'agitation du docteur Petersen. — Aurore boréale. — Derniers tours de moteur. — Tragique décision. — Un lest humain. — Dernier effort, dernier sacrifice. — Par-dessus les monts Franklin.

Rejoint par le cyclone, le *Patrie* n'était plus maintenant qu'un atome emporté dans l'espace.

Essayer de mettre les hélices en mouvement, pour lui tenir tête, ou seulement pour obliquer dans une autre direction que celle de l'ouragan lui-même, eût été une imprudence inutile.

Quand Georges Durtal eut constaté que l'aérostat se maintenait à une altitude moyenne de 400 mètres, la carte fut étalée et la boussole consultée : la direction suivie faisait avec l'aiguille aimantée un angle de 112 à 115°.

Trois degrés, c'était la seule approximation possible avec le compas du bord, et le docteur, en la constatant, ne put s'empêcher d'émettre un regret attendri pour son instrument :

— Ah ! s'il était là !...

L'indication de la boussole était cependant suffisante pour apprendre aux passagers du *Patrie* vers quelles régions ils étaient entraînés.

Le ballon allait droit au groupe d'îles qui porte le nom d'Archipel de la Nouvelle-Sibérie et parmi lesquelles les îles Bennett et de Long rappellent le promoteur et le commandant de la célèbre exploration de la *Jeannette*.

Au delà, c'était la mer Nordenskjold et les côtes sibériennes.

Du Pôle à l'île Henriette, la plus septentrionale de l'Archipel de la Nouvelle-Sibérie, on comptait 1.500 kilomètres. C'était une des terres les plus éloignées de celles qui entourent le Pôle, du moins des terres connues, car peu d'explorateurs ont abordé le problème polaire par la voie du détroit de Behring, et il pouvait exister dans cette région une île plus grande que la France sans que les géographes s'en doutassent.

Le premier sentiment des naufragés de l'air fut donc de considérer avec anxiété l'immense étendue qui les séparait des terres habitées vers lesquelles ils étaient poussés et de regretter que le vent ne les ramenât pas d'où ils étaient partis.

Regrets superflus d'ailleurs et où ils ne s'attardèrent point, car tous étaient maintenant familiarisés avec le danger. D'avoir échappé à l'écrasement contre la falaise, d'avoir trouvé dans cet approvisionnement d'hydrogène légué par Andrée le moyen de repartir contre toute attente, d'être emportés enfin à une vitesse fantastique loin de ce lieu funèbre où ils avaient bien cru rester, de cet ensemble de contingences extraordinaires enfin, ils n'étaient pas loin de conclure comme mistress Elliot à une intervention providentielle.

L'esprit à tendances scientifiques de Georges Durtal ne se serait pas accommodé de cette explication, si l'amour de Christiane n'avait transformé en lui bien des choses ; mais l'empire de la jeune fille sur son âme très neuve était plus fort qu'il ne le soupçonnait lui-même.

En somme, il n'était allé au Pôle que dans son sillage : elle avait été la véritable instigatrice de l'expédition, et puisque la conviction du superstitieux Américain au sujet de la jeune Française semblait se vérifier, puisqu'elle paraissait bien être le porte-bonheur du *Patrie*, pourquoi n'accepterait-il pas lui-même cette version qui s'accordait si bien avec son amour sans cesse grandissant ?

De cet état d'esprit des passagers du ballon résulta vite une sorte de quiétude générale qui tenait à la fois du fatalisme des uns, de la confiance religieuse des autres, et qui, le premier moment d'angoisse passé, se manifesta par des questions de toutes sortes.

— Quelle peut être la vitesse de cet ouragan ?

demanda l'Américain. Je ne sais si c'est une illusion d'optique, mais la terre me paraît filer de plus en plus vite : nous devons aller à 25 mètres à la seconde, au moins... Qu'en dites-vous, commandant ?

— En termes d'aérostation, un vent de 25 mètres n'est qu'un vent violent, répondit le jeune homme : à cette allure, on ne fait que du 90 à l'heure. Un vent est dit « de tempête » quand sa vitesse va de 25 à 30 mètres à la seconde, et dans ce cas, il fait au maximum 108 à 110 kilomètres à l'heure. C'est dans un courant de cette nature que nous avons dû franchir la mer du Nord, Mlle de Soignes et moi. Enfin, il y a des vents plus violents encore...

— Faisant plus de 110 kilomètres à l'heure ? s'exclama l'Américain.

— Arrivant à 150. Ce sont les vents dits « d'ouragan ». Ceux-là marchent à raison de 41 à 42 mètres à la seconde ; or, il me semble bien que nous sommes plutôt dans un vent « d'ouragan » que dans un vent de « tempête ».

— Ainsi nous pourrions franchir les 1.500 kilomètres qui nous séparent de la Sibérie en dix heures seulement ?

— Oui, si nous filions en ligne droite. Mais il est à remarquer que les vents du Pôle sont souvent animés de mouvements de giration autour de l'axe terrestre. Ainsi, les deux bouées laissées par Andrée et retrouvées en des lieux assez éloignés de son point de départ et de la direction originelle du courant qui l'emportait, prouvent qu'au début tout au moins, il fut plongé dans un courant giratoire le ramenant vers le Groenland. Il pourrait donc se faire qu'au lieu d'aller en ligne droite, nous fassions un demi-cercle qui nous ramènerait vers le Spitzberg.

— Ne nous leurrons pas d'un pareil espoir, dit le docteur. A une vitesse pareille, cet ouragan-là nous emporte en ligne droite.

Pourtant, deux heures après le départ, l'hypothèse de Georges Durtal se vérifiait et l'angle de l'aiguille aimantée atteignait 128 à 130 degrés ; la direction s'infléchissait donc vers le cap Tchéliouskine, le point le plus septentrional du continent sibérien.

Mais deux autres heures après, il n'était plus que de 96 degrés, et la direction correspondante était celle du détroit de Behring. Le trajet affectait donc la forme d'un S et il n'était plus possible de formuler la moindre hypothèse.

— A la grâce de Dieu! conclut Christiane. C'est toujours là qu'il faut en revenir.

— Aidons-le de notre mieux en prenant des forces, ajouta mistress Elliot.

Et elle sortit de la cantine à vivres les conserves les plus appétissantes.

Tout le monde fit honneur à ce repas que la température rendait moins pénible que ceux du début, car le thermomètre ne marquait que — 12 degrés, et comme les naufragés de l'air étaient emportés dans le vent, ils ne souffraient plus du froid.

Aussi, les visages et les mains s'étaient découverts et, seul, Bob Midy avait conservé son apparence d'homme des bois. Le temps restait clair et le soleil, rouge, énorme et sans chaleur, roulait à l'horizon.

Il semblait que son globe fût tout proche et à la hauteur même de la nacelle, car, d'après les lois de la perspective, l'horizon s'élève avec l'aérostier et la banquise apparaissait, malgré la convexité terrestre, comme une immense assiette creuse.

Toute l'attention de Georges Durtal était concentrée sur le baromètre, car le problème du maintien de l'aérostat à une altitude suffisante allait devenir de plus en plus ardu.

Etant donnés les heurts qu'avait subis l'enveloppe contre la paroi de la falaise, il était probable que, soit par perforation d'une aiguille de glace, soit par décollement de quelques fuseaux de soie, une ou plusieurs ouvertures laissaient maintenant échapper l'hydrogène.

L'officier avait été confirmé dans cette appréhension par une baisse d'altitude continue, commençant dès la deuxième heure.

Heureusement elle était lente, et l'officier y avait paré en continuant à infuser à l'aérostat, avec une lenteur égale, le contenu du tube qui se trouvait ajusté sur le manchon au moment du départ.

Il avait continué l'opération avec les deux autres en la faisant durer aussi longtemps que possible ; car il importait de n'avoir recours au jet du lest que quand on ne pourrait plus faire autrement.

Du lest proprement dit, d'ailleurs, il n'y en avait plus à bord.

Tous les sacs restants avaient été jetés au départ et tout ce qu'il faudrait désormais lancer par-dessus bord ne pourrait consister qu'en objets utiles.

Dans tous les cas, il fallait prévoir l'ordre dans lequel ces objets seraient sacrifiés et, après entente avec ses compagnons, l'officier le détermina ainsi : les accumulateurs restants, une caisse de réserve d'effets, les appareils de télégraphie sans fil, les bidons d'essence, la boîte d'outils, les cordages, les trois guide-ropes, la tente, trois caisses de conserves et deux cantines à vivres.

En prévision de la perte des provisions et d'un naufrage sur la banquise, l'officier engagea donc ses compagnons à bourrer leurs poches de tout ce qui leur conviendrait, en choisissant surtout les aliments les plus réparateurs sous le plus faible volume, chocolat, jambon, fromage, à l'exclusion des liquides, dont on n'aurait jamais à se préoccuper, la neige étant là pour fournir aux naufragés l'eau de boisson nécessaire.

Dans le même ordre d'idées, deux objets furent mis de côté pour être réservés jusqu'à la dernière extrémité : d'abord un fusil avec ses cartouches, pour se défendre contre les ours et chasser les phoques, ensuite le fourneau à alcool pour fondre la glace.

Déjà familiarisé avec les détails de la vie d'explorateur en pays arctique par quelques raids exécutés en traîneau l'année précédente, sir Elliot fit choix lui-même d'un certain nombre de boîtes, qu'il répartit entre ses compagnons, et tira de la caisse d'effets des ceintures d'épaisse flanelle qui seraient nécessaires en cas de bivouac dans la neige.

Bob Midy avait entendu des recommandations faites par l' « excellent maître » et les avait parfaitement comprises.

Ainsi donc, on allait être obligé de se séparer de ces bouteilles d'excellent whisky que l'adoucissement de la température avait en partie dégelées, qu'il avait amoureusement habillées de paille de riz et rangées lui-même dans un coin de la tente...

Cette idée lui fut insupportable et, dans son cerveau de nègre, germa aussitôt l'idée de sauver du naufrage tout ce qu'il pourrait absorber de sa liqueur favorite.

Profitant de l'inattention des deux femmes, occupées à la répartition des provisions, il se glissa dans le coin de la tente qui servait de cave, décacheta l'une des fiasques au col allongé dans laquelle il lui semblait qu'on avait emporté un peu de soleil liquide et, dissimulé derrière les peaux de renne de la tente, il s'oublia dans une absorption continue de la rechauffante liqueur.

Maintenant, Georges Durtal, sans perdre de vue le baromètre, étudiait quelles étaient les parties de machine dont il était possible d'alléger la nacelle; il ne trouva que les hélices et le réservoir d'essence, situé au-dessous de la nacelle.

Encore est-il à remarquer que le déboulonnage de ces pièces exigerait un temps assez long, et que seuls Georges Durtal et Bob Midy pourraient l'exécuter, car il faudrait quitter la nacelle et prendre sous son plancher, au milieu des tubes de sustentation, une position assez risquée.

Christiane s'était assise près de son fiancée.

Elle ne lui parlait point, ne voulant plus, en distrayant son attention, provoquer d'accident, comme celui qui avait abouti à la « découverte » de l'île Petersen.

Elle avait repris sa sérénité, et maintenant, familiarisée avec les colères de l'atmosphère, elle regardait, sans émotion apparente, le chaos de glace qui passait sous ses pieds avec une vitesse de rapide. Toute heure gagnée les rapprochait de la vie civilisée, et s'ils sortaient sains et saufs de cette extraordinaire épreuve, quelle valeur plus tard aurait à leurs yeux le souvenir de ces heures-là !..,

Quant à mistress Elliot, sa confiance avait repris le dessus.

Elle n'aimait pas les émotions violentes, mais elle avait dans la chance de son mari une foi invincible.

Sir James lui-même avait fini par partager la conviction de sa chère Cornelia et, penché sur la carte, il avait plutôt l'air de tracer l'itinéraire d'un voyage d'agrément que de subir la fantaisie de la tempête.

A côté d'eux, le docteur Petersen, que les plus émouvantes péripéties n'avaient pas réussi jusque-là à troubler dans sa quiétude scientifique, était le seul qui eût perdu le calme.

Peu de temps après l'apparition du volcan sous-marin, en effet, on l'avait vu tirer de sa poche son carnet de notes quotidiennes.

Il les avait relues, vérifiées, puis avait refait quelques calculs.

Soudain il s'était plongé dans un abîme de méditations qui se manifestaient tantôt par une véritable prostration, tantôt par une agitation fébrile.

A tout autre moment, l'expression soucieuse de sa physionomie eût frappé ses compagnons de voyage. Mais tous les regards étaient fixés au loin, sondant l'horizon, et nul ne l'interrogea.

Etait-ce la perte de son cher instrument, abandonné avant vérification des observations déjà faites ?

Etait-ce le regret de n'avoir pu mener à bien la visée suprême dont il attendait l'immortalité scientifique, ou bien encore l'impuissance où il était désormais de noter les différentes étapes du retour ?

Son agitation devint telle que, dans une visée faite à l'aide du sextant, il laissa échapper l'appareil, qui disparut, petit point noir sur la neige.

Quelle que fût l'infériorité de ses précisions, comparées à celles que donnait le théodolite Petersen, le sextant n'en était pas moins le seul instrument capable d'indiquer aux naufragés de l'air en quel point de la planète ils se trouvaient, et l'Américain, témoin de la maladresse du savant, eut une exclamation de regret.

Mais le docteur ne sembla point l'entendre et il

ne parut point que la perte du sextant eût de l'importance à ses yeux.

Un autre souci devait absorber toute l'activité de ses lobes cérébraux, car il se remit à crayonner sans se lasser équations et opérations, ne s'interrompant que pour tirer de sa houppelande et feuilleter nerveusement une table de logarithmes qui ne le quittait jamais.

Soudain, Bob Midy, derrière la paroi qui le dissimulait, s'écroula, dans une subite poussée d'ivresse. Sa chute s'entendit, parce qu'il heurta de la bouteille qu'il tenait le fourneau à alcool, et tout le monde se retourna.

On ne voyait plus de lui, dépassant le bord inférieur de la tente, que les mocassins fourrés qui le chaussaient et une main serrant énergiquement la fiasque tentatrice.

Terrassé par le whisky trop généreusement absorbé, le noir serviteur s'était mis aussitôt à ronfler comme une sirène de paquebot.

Malgré la gravité de la situation, mistress Elliot eut, en le découvrant, une exclamation de dégoût.

Un juron de sir Elliot lui fit chorus.

— Tenez, dit-il aux deux Français, voici la créature pour laquelle, tout à l'heure, vous vous êtes pris, Mlle de Soignes et vous, d'une belle compassion. Reconnaissez maintenant qu'elle était excessive!...

— L'ivresse est le défaut commun à tous les nègres, paraît-il, dit Georges Durtal, et il faut avouer que c'est notre civilisation qui le leur a inoculé.

— C'est même ce qui prouve le mieux que ce nègre est une créature humaine, dit en riant la jeune fille, car les animaux ne s'enivrent point.

— Ça, un homme? Non, mademoiselle, fit énergiquement le milliardaire. Si vous habitiez l'Amérique et si vous y voyiez cette race à l'œuvre, vous auriez des idées tout autres, j'en suis sûr. Pour moi, je ne fais pas de différence entre la brute affalée là et un phoque dormant au bord d'une crevasse.

Et, saisissant Bob par les pieds, il le traîna hors de la tente et le jeta inerte aux pieds du savant, dont les calculs logarithmiques n'en furent d'ailleurs aucunement troublés.

— Déjà huit heures que nous sommes partis, fit l'Américain... A la vitesse que vous indiquiez tout à l'heure, commandant, nous aurions déjà dépassé le 80e degré. C'est grand dommage que nous ne puissions plus faire le point...

— Si la mer libre est proche, il nous faudra, sans trop tarder, y découvrir une terre, dit l'officier du génie, car le ballon perd du gaz et j'ai épuisé, il y a une heure déjà, le dernier tube d'Andrée. Voyez, dans dix minutes, si nous ne nous délestions point, nous serions traînés sur la banquise sans pouvoir nous accrocher nulle part, n'ayant plus d'ancre...

Le délestage commença. Les accumulateurs restants furent jetés au dehors l'un après l'autre.

Peu après, la caisse d'outils suivit. Mais l'officier avait eu soin d'en retirer une hachette qu'il suspendit à sa ceinture, une lime qu'il mit dans sa poche et les outils nécessaires au déboulonnage du réservoir.

— Ne pouvez-vous pas user du procédé qui vous a si bien réussi pour enrayer notre chute près du Pôle? hasarda Cornelia, qui, avec Christiane de Soignes, s'occupait à démonter la tente de peau et à la découper pour la jeter par morceaux, le moment venu.

— C'est vrai, appuya sir Elliot... Vos plans horizontaux ont fait merveille à ce moment-là...

— Parce que le ballon avait une vitesse propre. Mais là, nous n'avons que la vitesse du vent, et les ailerons d'avant, qui ont fait office de plan d'aviation, n'auraient pas plus d'action que n'en a le gouvernail d'une barque abandonnée au courant d'un fleuve.

— Et pourquoi ne nous donnerions-nous pas une vitesse propre? interrogea l'Américain.

— En mettant la machine en mouvement?

— Eh! oui, pourquoi pas?... Puisque vous êtes décidé à jeter l'essence et son réservoir, nous n'avons pas à l'économiser. Usons-en au contraire le plus possible, et nous nous délesterons ainsi au fur et à mesure de sa consommation, tout en augmentant notre vitesse.

L'idée était juste, bien qu'issue d'une proposition fausse de mistress Elliot, et Georges Durtal s'y rendit.

Le moteur déclanché et les hélices en mouvement, les passagers du *Patrie* s'aperçurent vite, au froid plus vif provoqué par le vent de la marche, qu'ils gagnaient ainsi une accélération de vitesse fort appréciable.

Une heure après, des taches noirâtres furent aperçues dans le sud-ouest, et sir Elliot invita le docteur à en fixer la position approximative, car toute cette partie de l'Océan glacial arctique était totalement inconnue.

Mais son invitation ne reçut qu'une réponse inintelligible; le savant s'était remis, avec une nouvelle fièvre, à ses calculs...

— Vous avez donc fait une découverte, Petersen?

Mais, d'un geste impérieux, le docteur pria qu'on le laissât à ses équations.

Une heure durant, par le jeu des ailerons horizontaux, Georges Durtal maintint le *Patrie* à une altitude variant de 3 à 500 mètres. Mais la fuite de l'hydrogène se faisait plus rapide et il fallut se décider à recourir de nouveau au délestage. La caisse d'effets fut lancée par-dessus bord. Après elle, on jeta un des guide-ropes, et l'anxiété de l'officier redoubla, car il sentait son gaz s'enfuir de plus en plus rapidement, comme si les déchirements de l'enveloppe s'agrandissaient.

La redoutable perspective d'un traînage sur la glace, à une pareille vitesse, lui fit prendre en main la corde de déchirure, afin d'être prêt à toute éventualité.

L'aspect de la mer de glace s'était modifié : ce n'était plus le chaos évoquant le vers du poète latin : « *Rudis indigestaque moles* » et dénotant les convulsions de plusieurs banquises lancées l'une contre l'autre, c'était de nouveau la steppe glacée aux plis ondulés, parsemée d'icebergs erratiques, et pendant une heure le *Patrie* courut à la surface de cette mer figée, maintenu à grand'peine à trois cents mètres d'altitude par le jet continu et méthodique des cordages, du projecteur électrique et des appareils de télégraphie sans fil.

D'autres îles, formant un archipel allongé comme celui des îles Aléoutiennes, défilèrent à l'horizon dans la direction de l'Est, mais la belle confiance de l'Américain et de sa compagne commençait à être ébranlée, en constatant la baisse continue et de plus en plus rapide de l'aérostat, et ils ne songèrent point à les repérer.

Le moment n'était plus loin où il ne resterait plus rien à jeter et où, pour éviter le traînage sur la banquise, il faudrait avoir recours à la corde de déchirure.

A quelle distance serait-on alors des côtes américaines ou sibériennes, et comment les atteindrait-on jamais ?

Le milliardaire énonça le premier l'inquiétude qui commençait à le tenailler :

— Mieux vaudrait peut-être nous arrêter ici, avec ce qui nous reste de provisions, commandant, que de les semer ainsi derrière nous et de nous retrouver sans vivres un peu plus avant.

Mais Georges Durtal protesta avec énergie : le *Patrie seul* pouvait sauver ses passagers en leur faisant franchir rapidement de vastes espaces; s'arrêter, c'était se condamner à ramper à la surface de la banquise pendant des semaines et peut-être des mois...

Et pour aboutir où?...

« Il fallait, coûte que coûte, pousser le plus loin possible »! Et, après cette affirmation, formulée sur un ton d'autorité qui prévint toute nouvelle objection dans la bouche de sir James, le jeune officier jeta lui-même par-dessus bord une caisse de conserves.

— Si cette brute n'était pas dans un pareil état, gronda sir James en repoussant le corps de Bob d'un coup de pied, il pourrait aller travailler au déboulonnage partiel du réservoir d'essence.

— Non, sir James, c'est un travail que, seul, je vais pouvoir faire, pendant que vous surveillerez le baromètre.

— Vous allez quitter la nacelle, Georges? demanda anxieusement Christiane.

— Il le faut... Et encore gagnerons-nous ainsi à peine une heure... Le ballon perd de plus en plus...

— Alors, ne vaudrait-il pas mieux s'arrêter, comme vous le proposait sir James, sans jeter nos vivres?

— Mais une heure gagnée maintenant, c'est cinq ou six jours de marche plus tard, Christiane..., et quelles marches!...

— Tenez... là-bas... N'est-ce pas une terre qu'on aperçoit?

L'officier braqua sa jumelle à l'avant. Une ligne noirâtre, d'aspect uniforme, barrait l'horizon. Déjà sir James l'avait aperçue et, après un instant d'observation, déclara :

— Ceci, c'est la mer libre, commandant... Si nous voulons nous arrêter, il n'est que temps!...

Tous les regards se portèrent vers Georges Durtal.

Lui seul pouvait savoir, pouvait dire si le *Patrie* était en état de se soutenir assez longtemps pour franchir les centaines de kilomètres de mer qui séparent la banquise du continent asiatique.

Malgré son énergie, l'officier eut un moment d'hésitation.

Il regarda la corde de déchirure qu'il tenait à la main et eut besoin de tendre tous les ressorts de sa volonté pour s'obliger à réfléchir.

N'était-ce pas l'arrêt de mort pour tous qu'il allait prononcer, en engageant l'aréostat sur l'Océan libre de glaces? La chute en pleine mer, c'était l'engloutissement inévitable...

Mais d'un autre côté, vider le ballon, s'arrêter sur la banquise, au bord même de la mer libre, n'était-ce pas se condamner à une mort lente, inévitable elle aussi, sans espoir de gagner aucune terre?...

N'était-il pas d'ailleurs à craindre que, dans les mouvements de désagrégation qui se produisaient incessamment sur les bords de cette banquise, ils ne fussent engloutis dans une crevasse ou emportés à la dérive sur un iceberg flottant?...

Si Nansen et son compagnon Johansen avaient pu, dans cette même saison, regagner la terre François-Joseph, c'est qu'ils étaient munis de kayaks, ou canots de peaux, qui, montés sur traîneaux, leur permettaient de franchir les nappes d'eau, canaux et bras de mer rencontrés.

Les naufragés de l'air n'en avaient pas.

Quel navire viendrait jamais les recueillir dans cette partie de l'Océan glacial, la moins explorée de toutes par les navigateurs et les baleiniers?...

Et quelles souffrances pour les deux femmes, dans ce bivouac improvisé au bord de cette mer déserte!...

La seule chance de salut consistait donc à profiter de cet ouragan qui les ramenait vers le monde civilisé à raison de 150 kilomètres à l'heure et qui, seul, pouvait leur faire franchir la barrière liquide des mers sibériennes.

Toutes ces réflexions avaient traversé le cerveau de Georges Durtal avec une incroyable rapidité. Une remarque de l'Américain suspendit un instant sa décision :

— Puisque votre nacelle est étanche, nous pourrions tenter la traversée avec elle... gagner une des îles de la Nouvelle-Sibérie...

Mais cette nacelle étanche était incapable de flotter ailleurs qu'en eau calme. Baser un sauvetage sur cette particularité était une illusion de plus, et Georges Durtal secoua la tête.

— Non, sir James... c'est impossible... Il faut continuer... Il le faut!

Et cherchant à affermir sa voix pour donner à ses compagnons une confiance qui commençait à l'abandonner :

— Nous pouvons nous soutenir quelque temps encore. Il faut passer. Au delà, c'est le continent... il ne peut plus être loin.

Son regard croisa celui de Christiane.

Elle lisait en lui : elle devinait l'effort prodigieux qui lui était nécessaire pour prendre cette redoutable responsabilité.

— Georges, murmura-t-elle, vous seul savez ce qui est possible... Que Dieu vous inspire!...

Maintenant, la ligne bleue de la mer libre s'était élargie ; cinq ou six milles à peine séparaient les naufragés de cet inconnu plein d'épouvante...

Fallait-il aller plus loin?

L'instant était tragique.

L'Américain et sa femme s'étaient rapprochés de l'officier, lui parlant tous deux à la fois.

— Commandant, croyez-vous que?...

Mais Georges Durtal ne les écoutait plus.

Il s'était penché. Sous la nacelle, la banquise courait toujours à la même vitesse, mais craquelée, fêlée, laissant sourdre, ici et là, des taches vertes qui semblaient des flaques de neige fondue et qui, en réalité, étaient des abîmes.

La descente encore possible était rendue des plus dangereuses par ces regards ouverts sur la mer profonde, car, si rapidement que le *Patrie* se vidât, quand son enveloppe serait éventrée, il pouvait être entraîné par la violence du vent vers l'un de ces gouffres et y semer ses passagers.

D'ailleurs, s'il échappait à ce danger, que serait demain?...

Un dernier regard de sa fiancée décida le jeune homme. Il y lut la suprême confiance de Christiane en lui, et en lui seul; il y puisa la force d'âme qui lui permettait de regarder, en face, ce nouveau péril.

Depuis qu'ils étaient partis tous deux dans le vent, le danger quotidien leur avait fait une cuirasse que l'amour avait trempée, et, ne craignant plus la mort pourvu qu'ils l'affrontassent ensemble, ils étaient mûrs pour toutes les épreuves.

Le regard de la vaillante jeune fille voulait dire :

— Soyez fort jusqu'au bout!

— En avant!... dit Georges Durtal en jetant par-dessus bord le deuxième guide-rope.

Le *Patrie* franchit, à 600 mètres de hauteur, la frange aux découpures bleuâtres qui marquait la fin du glacier polaire. Moins d'une demi-heure après, la banquise ne formait plus, à l'horizon, qu'une ligne imprécise qui, rapidement, se fondit dans des lointains de brume.

L'aérostat courait désormais entre le ciel et l'eau.

La mer était grosse, d'un bleu foncé, strié de franges mousseuses qui étaient des crêtes de vagues et des embruns glacés. Ballottés à sa surface, de nombreux floë ou glaçons dérivaient lentement vers l'ouest.

Quelques-uns formaient de véritables îles de plusieurs kilomètres carrés, et des légions de phoques s'y ébattaient, apparition rapide, aussitôt évanouie.

Puis, les icebergs se firent plus rares, et ce fut l'immensité désertique, monotone, incommensurable de l'Océan sans bornes.

*
* *

Où allait-on ? Qu'y avait-il de l'autre côté ?

Le continent sibérien avec ses lagunes, ses plaines immenses, avec l'*orungan* des Toungouses ou la *toundra* des Samoyèdes ?

Où était-ce le continent américain avec le désert neigeux de ses Esquimaux, sa barrière de montagnes et le fouillis de ses archipels ?

Aucun des passagers n'aurait pu le dire, car, depuis plusieurs heures, ni Georges Durtal, ni l'Américain n'avaient consulté le compas. Le souci de ne pas toucher la banquise avait primé tous les autres. Ils n'avaient pas continué à tracer sur la carte les variations de l'aiguille aimantée et, quand ils songèrent à l'observer, ils trouvèrent un angle de 105 degrés qui semblait indiquer une translation constante vers la terre de Wrangel et le détroit de Behring.

— Je vais aller déboulonner le réservoir d'essence, dit Georges Durtal à l'américain. Veillez avec soin au baromètre, pendant cette opération qui peut être longue.

— Vous n'arrêtez pas la machine ?...

— Non, tout ce que nous pourrons faire vers le sud sera autant de gagné. Le moteur s'arrêtera de lui-même quand le réservoir tombera.

Le jeune officier mit dans la poche de son vêtement de cuir deux clefs anglaises, une pince à gaz, un tournevis, un marteau, un ciseau à froid, et enjamba le bordage, non sans provoquer chez Christiane une exclamation angoissée.

— Ne craignez rien, fit-il. Les tubes de sustentation offrent un appui solide, je suis là en sûreté autant que dans la nacelle.

Mais, presque aussitôt, il remonta.

— C'est folie, dit-il, de ne pas garder le réservoir jusqu'à la dernière extrémité... Grâce à la machine, nous faisons 50 kilomètres de plus à l'heure, et au besoin nous pourrons nous orienter sur une terre en vue... Il faut jeter les provisions avant de toucher à l'essence.

Il restait deux caisses de conserves. Boîte par boîte, l'œil sur le baromètre, l'Américain les vida, pendant que l'officier, monté à l'échelle de cordes qui aboutissait au ventilateur, démontait ce dernier organe.

Trois nouvelles heures furent ainsi gagnées. Tous les regards étaient tendus vers l'horizon. Le continent ne pouvait plus être loin, car les récits des navigateurs concordent tous sur ce point que la banquise polaire s'étend beaucoup plus près des côtes américaines et asiatiques que des côtes d'Europe.

Les steamers allemands et norvégiens qui, chaque année, conduisent des touristes au Spitzberg et poussent au delà pour les faire jouir du spectacle de la banquise, ne la trouvent qu'à 81 et même 82 degrés de latitude.

Du côté du détroit de Behring, au contraire, Collinson la trouva au 73e degré, et Berry au 74e, et cette différence de latitude s'explique aisément par l'absence de courants chauds du côté du détroit de Behring, alors que le Gulf-Stream, jetant ses dernières ramifications vers le Spitzberg et la Nouvelle-Zemble, y recule de 800 kilomètres la formation de la barrière de glace.

La largeur de la mer libre que franchissait l'aérostat devait donc être relativement faible, et Georges Durtal, la carte sous les yeux, se cramponnait à ce dernier espoir.

Un regard jeté sur le baromètre le rappela à la question capitale du lest.

Le *Patrie* baissait plus vite, et le dernier guide-rope fut sacrifié ; c'était le plus gros.

Puis ce fut le tour des provisions d'huile et de graisse nécessaires à la machine, et Georges Durtal, craignant d'avoir trop attendu, enjamba la balustrade pour descendre sous la nacelle, afin de donner suite à son projet de déboulonnage du réservoir.

— Que faudra-t-il jeter, si votre travail se prolonge? lui demanda l'Américain, au moment où il allait disparaître.

Et il montra le fond de la nacelle, où rien ne restait plus de l'énorme matériel embarqué au Cap Nord.

— J'espère que vous n'aurez pas besoin de délester pendant ce temps, répondit Georges Durtal, car je vais ouvrir le robinet de vidange du réservoir... L'essence s'écoulera et nous délestera au fur et à mesure... Je ne lâcherai le réservoir lui-même qu'ensuite...

Il se remit au travail et une demi-heure se passa, pendant laquelle Christiane, penchée sur le bordage, ses cheveux agités au vent des hélices, appela sans se lasser :

— Georges! parlez-moi...

— Je suis là, Christiane, n'ayez pas peur...

— Tenez-vous bien, je tremble que vous ne fassiez un faux mouvement, que vous ne tombiez...

— Soyez sans crainte...

— Si cela arrivait... je vous suivrais aussitôt...

— Christiane!...

— Georges, nous descendons!...

— Je vais avoir terminé...

Soudain, dans un grincement, les hélices, que le graisseur ne frictionnait plus, cessèrent de tourner, le moteur exhala une dernière plainte dans le tube d'échappement et tout mouvement cessa à bord du *Patrie*...

La provision d'essence était épuisée.

Mais alors, n'ayant plus de mouvement propre, l'aérostat n'était plus soumis à l'action des ailerons horizontaux.

Il se mit donc à descendre rapidement...

En quelques instants, il ne fut plus qu'à une trentaine de mètres au-dessus de la mer, et Christiane, à la pensée du danger que courait Georges Durtal, sous la nacelle, poussa un cri d'angoisse.

Mistress Elliot, à son tour, se pencha, appela...

Seuls, des coups de marteau lui répondirent.

Avec une hâte fiévreuse, Georges Durtal, dans sa cage d'acier, faisait sauter les derniers boulons du réservoir...

Mais il était visible qu'il n'arriverait pas à temps.

Lui-même s'en aperçut.

— Jetez quelque chose ! cria-t-il... Jetez vite !... n'importe quoi !...

On eût dit que l'Américain n'attendait que cette invitation pour donner suite à un projet fermement arrêté.

Car il avait conservé une dernière corde et la tenait à la main.

Il la passa sous les bras de l'ivrogne affalé au fond de la nacelle, attacha solidement ce dernier sous les aisselles et en fixa l'autre extrémité au rebord de la nacelle.

Soulever ensuite le nègre et le faire basculer pardessus le bordage fut pour sir Elliot l'affaire d'un instant.

Et au moment où la nacelle allait toucher l'eau,

immergeant sans aucun doute Georges Durtal acharné à sa besogne, Bob Midy, précipité, disparaissait dans une éclaboussure argentée :

Le ballon fit un bond, aussitôt enrayé par le guide-rope humain qu'il traînait derrière lui.

On vit le corps du nègre sortir de l'eau, suspendu à la corde comme un poisson gigantesque. Puis il s'y replongea à demi, et tantôt émergeant, tantôt disparaissant, il fut entraîné dans la course folle de l'aérostat.

Dégrisé d'ailleurs instantanément par ce bain glacé, Bob se démenait maintenant frénétiquement, en roulant des yeux énormes et en poussant des cris inarticulés.

Comment se trouvait-il là ? Il était à cent lieues de croire que c'était à l' « excellent maître » qu'il devait ce bain forcé, prologue de la noyade définitive si le salut des passagers l'exigeait, et c'est à lui qu'il adressait ses supplications les plus expressives.

Penchée du côté opposé, Christiane n'avait pas assisté aux sinistres préparatifs : elle jeta un cri en voyant le nègre disparaître dans les vagues.

Mais l'explosion d'indignation qu'elle avait manifestée précédemment expira sur ses lèvres, lorsqu'elle comprit que, sans cette exécution sommaire, Georges Durtal serait à cette heure plongé dans l'océan glacé et maintenu dans cette affreuse position par le plancher de la nacelle.

L'officier remonta en hâte auprès de ses compagnons.

Lui non plus ne sut que dire à sir Elliot.

Il était bien obligé de s'avouer à lui-même que l'Américain avait trouvé la seule solution... logique.

Ils en étaient à l'heure de la lutte pour la vie, et, au vingtième comme au premier siècle, les races « inférieures », comme on appelait la race de Cham, étaient tenues de fournir les sacrifiés.

En présence du délestage inattendu dont il avait été le témoin abasourdi, Georges Durtal n'en avait pas moins eu la présence d'esprit de ne pas lâcher le lourd réservoir et de le laisser suspendu à l'extrémité des tubes de sustentation ; une simple poussée suffirait, au moment voulu, à le jeter à la mer.

Mais il fallait prévoir d'autres délestages.

Manifestement, les déchirures par où s'écoulait le sang du *Patrie* s'agrandissaient d'heure en heure et ce n'était plus le jet mesuré de boîtes de conserves, de cordes ou de vêtements qui pouvait l'enrayer.

D'ailleurs, rien de tout cela n'existait plus à bord.

Aussitôt donc, le jeune homme s'attaqua à l'une des hélices. A cheval sur l'arc-boutant qui débordait la nacelle à droite, il desserra les écrous qui fixaient à son axe l'aile droite du *Patrie*.

C'était d'ailleurs une opération familière aux aérostiers de Moissons et de Meudon, car les hangars à ballon comportent pour loger la nacelle un fossé profond, mais étroit, dont il est souvent à craindre que les hélices râclent les parois. Quand donc le vent est assez fort pour prendre en flanc l'aérostat à sa sortie ou à sa rentrée, on descend les hélices de leurs axes, et ce travail, maintes fois exécuté sous les yeux de Georges Durtal, pouvait être effectué par lui sans tâtonnement, ni perte de temps.

L'une après l'autre, les deux ailes d'acier allèrent rejoindre le réservoir au fond de l'Océan et deux nouvelles heures furent ainsi gagnées.

... Deux heures pendant lesquelles Christiane, le cœur chaviré, essaya de détourner les yeux de l'épave humaine que le *Patrie* traînait à sa remorque.

Mais son regard s'y reportait malgré elle.

La figure convulsée du nègre exprimait maintenant la terreur la plus intense, car le malheureux comprenait que le moment viendrait où, pour gagner les quelques kilogrammes de lest que représentait la partie de son corps restée hors de l'eau, les blancs du *Patrie* n'hésiteraient pas à couper la corde qui le rattachait à la vie.

Après avoir appelé en vain son « excellent maître », il avait imploré Christiane, dont il devinait l'immense pitié, et ses yeux suppliaient, embués d'épouvante...

— C'est affreux ! dit la jeune fille à mistress Elliot. Allons-nous abandonner ce malheureux pour nous sauver?...

— Laissez faire sir James, miss, dit l'Américaine ; il fera ce qu'il faut, soyez-en sûre...

Et, adressant de la main un geste amical à Bob, comme pour lui dire de ne pas perdre courage :

— Il a un vêtement complètement imperméable, ajouta-t-elle, et comme il est très peu sensible au froid, il peut résister longtemps encore. Pauvre Bob!...

Si l'heure n'eût pas été si grave, la jeune Française eût accueilli d'un sourire cette réflexion si pleine d'une cruelle inconscience, mais le malheureux nègre avait été la rançon d'une vie qui lui était infiniment précieuse, et dans une détresse de tout son être, elle détourna les regards vers le lointain horizon où les poussait la destinée.

Soudain, elle crut y discerner une ligne sombre dont la base, tantôt se fondait avec le bleu de la mer, tantôt semblait sortir d'une ligne de nuages aux cimes étincelantes...

Elle ne put retenir un cri.

— Georges, fit-elle, qu'est-ce, là-bas!...

Le jeune officier, dont le regard inquiet sondait tous les recoins de la nacelle à la recherche d'une nouvelle pièce à détacher, fixa la direction indiquée et poussa une exclamation qui fit retourner l'Américain et sa femme.

— Mais c'est la terre! fit-il d'une voix que l'émotion faisait trembler... c'est bien elle!

— La terre!... répéta comme un écho mistress Elliot; et, dans un élan de joie, elle serra la jeune fille dans ses bras maigres.

— C'est vous qui l'avez vue la première, miss! s'écria l'Américain transporté... Quand je disais que vous étiez la bonne fée de l'expédition!...

— La colombe de l'arche! compléta l'Américaine qui ne tenait plus en place.

— C'est même une terre très haute, reprit au bout d'un instant le milliardaire qui s'était fait un auvent de ses deux mains pour mieux observer.

Il n'y avait plus de lunette à bord : les deux jumelles emportées avaient été jetées à la mer par mistress Elliot, dans le moment d'affolement qui avait précédé le lancement au dehors de Bob Midy.

— Oui, c'est une côte... très longue... reprit l'Américain : elle s'étend à droite et à gauche à perte de vue.

— La Sibérie sans doute... James, vraiment la Providence nous conduit par la main...

— A quelle distance la supposez-vous? demanda Christiane.

— Oh! très loin encore... Et cependant... il semble qu'elle soit déjà beaucoup plus distincte que tout à l'heure... Nous allons décidément à une rude vitesse!...

Il suffisait d'ailleurs de voir le malheureux nègre pour en juger : soulevé par les aisselles, il bondissait à la surface des lames longues et de plus en plus creuses, que soulevait l'ouragan ; tantôt il les effleurait du bout de ses mocassins, laissant derrière lui une traînée de poussière liquide, tantôt il disparaissait complètement dans une vague.

C'était un de ces supplices auxquels l'imagination la plus raffinée n'eût jamais songé, et l'Américain lui-même assura par la suite qu'il avait été sur le point de couper la corde sans rien dire, pour mettre un terme à cette souffrance humaine...

Le malheureux n'avait d'ailleurs plus la force de crier et ses mouvements inconscients de nageur avaient cessé. Il n'était plus qu'une épave douloureuse traînée à travers la plaine liquide, comme jadis Mazeppa à travers les steppes de l'Ukraine.

Mistress Elliot se retourna vers lui et, le bras tendu :

— Voici la terre, Bob !... Courage !

Elle n'eût pas parlé autrement à un athlète épuisé dans la course de Marathon, en lui montrant le but, et, sans s'en douter, elle était éminemment comique dans ce rôle.

Un quart d'heure se passa, pendant lequel Georges Durtal disposa dans les encoches ménagées à cet effet les deux portes caoutchoutées qui bouchaient les ouvertures latérales de la nacelle et la transformaient en bateau parfaitement étanche.

Après quoi il réussit à arracher l'un des deux volants de direction et le lança dans la mer, au moment où les vagues léchaient le fond de la nacelle.

Il s'attaqua aussitôt à l'autre, mais une réflexion de l'Américain l'obligea à observer de nouveau...

— C'est une vraie chaîne de montagnes qui borde cette côte... voyez, commandant... Pourvu qu'elle ne tombe pas à pic dans la mer !...

L'appréhension contenue dans cette remarque semblait se vérifier à mesure qu'on approchait...

C'était en effet une falaise énorme qui commençait à se dresser au loin, et de tous les dangers qu'ils avaient courus jusqu'à cette heure, les passagers du *Patrie* allaient maintenant au-devant du plus redoutable.

A la vitesse à laquelle il était emporté, le ballon allait en effet se briser contre cette muraille, dont la hauteur croissait de minute en minute.

La première idée qui vint à Georges Durtal fut de se précipiter sur la corde de déchirure et de se tenir prêt à arrêter la course du *Patrie* avant que le choc se produisît.

Mais qu'arriverait-il, lorsque le frêle esquif qu'était la nacelle, ballotté par les vagues que creusait le vent et que rendait furieuses le voisinage de la côte, serait recouvert par l'enveloppe soudainement vidée?

Quelle surcharge que ce poids énorme s'abattant sur le bateau improvisé?

De plus les agrès constitueraient un véritable filet au-dessus de la tête des passagers, leur interdisant tout mouvement! la nacelle, embarquant des paquets de mer, coulerait à pic au bout de quelques minutes.

C'était la pire des solutions à adopter.

Et Georges Durtal, maintenant hypnotisé par la vue de cette côte granitique rougeâtre qui grandissait à vue d'œil, avait pris la main de Christiane et la serrait nerveusement, comme s'il eût attendu d'elle une réponse à l'inexorable question :

« Que faire? »

Il n'avait plus qu'un espoir : trouver au pied de cette falaise une grève, une étroite plage qu'on ne voyait pas encore. Dans ce cas, en opérant la déchirure à temps, on pouvait espérer atterrir avant de heurter le granit.

Mais si la mer battait la haute muraille, si elle se creusait profonde et mugissante à son pied, c'était l'engloutissement sans rémission.

L'Américain avait suivi sur le visage du jeune officier le reflet de ses angoisses. Il lui mit la main sur l'épaule.

— Commandant, dit-il, il n'y a qu'un moyen de ne pas nous briser contre ces roches : c'est de passer par-dessus.

— Evidemment, sir James... mais...

— Et il n'y a qu'un moyen de passer par-dessus, c'est de délester le ballon d'un poids considérable, et tout d'un coup... Or, le poids de Bob ne suffirait plus... Dans un instant, nous allons toucher l'eau !

Et, se penchant au-dessus du bordage, le milliardaire se débarrassa de sa lourde pelisse et la jeta à la mer.

— Donc voici : je vais vous délester de ma personne... Je suis un excellent nageur... je puis aller deux ou trois milles sans fatigue... et je trouverai bien quelque part une brèche, une crique, où aborder... Nous nous retrouverons demain !...

Je vous confie mistress Elliot, fit-il plus bas.

Otant alors une lourde ceinture pleine d'or qu'il portait constamment, il la tendit à sa femme.

— Tenez Cornelia, fit-il, si vous êtes obligée de jeter cela... tâchez de garder au moins notre carnet de chèques... il est dans la poche intérieure de droite.

L'Américaine avait écouté sans comprendre tout d'abord; mais quand son mari fit le dernier geste qui révélait si clairement son projet, elle poussa un cri tel que le malheureux Bob, maintenant complètement plongé dans l'eau et n'émergeant plus que de la tête, roula de nouveau vers elle ses gros yeux blancs pleins de détresse.

— James!... oh! non, pas vous!...

Et elle tenta de se suspendre à son cou pour paralyser ses mouvements.

Mais l'Américain échappa à l'étreinte et, d'une voix qui n'admettait pas de réplique :

— Entendez-moi, Cornelia : vous connaissez ma chance habituelle... elle ne m'abandonnera pas. Mais il le faut, sans quoi nous allons tous être brisés sur ces rochers!

— James, je vous en supplie!... monsieur Durtal, je vous en conjure!... trouvez un moyen...

— Sir James, intervint l'officier, vous êtes un vaillant, mais je ne vous laisserai point courir pareil danger. J'ai vingt ans moins que vous; je suis, moi aussi, très bon nageur et c'est à moi qu'il appartient...

— Permettez, fit le milliardaire. Ce n'est pas une question d'âge, c'est une question de poids... Combien pesez-vous?

— 68 kilogrammes.

— Et moi 96 : il n'y a donc pas à hésiter, votre délestage serait insuffisant.

Et l'Américain déboutonna vivement ses hautes guêtres.

Christiane n'avait pas quitté la main de son fiancé ; elle la serrait de toutes ses forces et, dans le regard dont elle l'enveloppait pendant cette discussion tragique, elle avait concentré tout son amour.

Mais elle ne dit pas un mot, ne fit pas un geste pour retenir Georges Durtal. Le jeune homme se grandissait encore à ses yeux, elle voulait rester digne de lui, en lui évitant les supplications dont mistress Elliot affollée assaillait maintenant son mari...

— Sir James, reprit l'officier avec autorité, je suis seul maître à bord, et je puis...

— Vous ne l'êtes plus, dit l'Américain, car nous flottons... D'après nos conventions, c'est moi qui commande ici...

La nacelle en effet venait de se poser sur les vagues; tantôt elle les effleurait, et tantôt, participant à leur mouvement de houle, elle bondissait à leur crête.

Cette preuve de présence d'esprit chez l'Anglo-Saxon en un pareil moment eut pour effet de fouetter l'amour-propre de l'officier.

Sous le regard de Christiane, il ne laisserait pas à cet étranger le prestige d'un acte héroïque dont le silence même de la jeune fille était la manifeste approbation.

— Non, sir James, affirma énergiquement le jeune homme, le maître du *Patrie*, c'est moi, et je le serai jusqu'à la dernière minute. Voici la corde de déchirure, je vous la confie... dès que vous aurez franchi la falaise, tirez un coup sec pour la faire sauter hors de l'anneau à ressort où elle passe, là, à l'avant. Il faut pour cela un effort de 40 kilogrammes, je vous en préviens...

Et, à son tour, Georges Durtal jeta à la mer une ceinture assez lourde qu'il portait sous son jersey de laine.

— Attendez, fit l'Américain secouant la tête. Notre sacrifice sera inutile, le ballon est trop dégonflé et surtout... c'est trop haut ! voyez donc !

La falaise en effet se dressait maintenant abrupte, formidable. Sa hauteur n'était pas inférieure à 1,000 mètres et les vagues, lancées à l'assaut de sa masse, lui faisaient à la base une collerette d'écume.

C'était une véritable chaîne de montagnes, dont la dernière assise tombait à pic sur la mer.

Rien dans ce que l'Américain savait de la nature des côtes sibériennes ne ressemblait à ce massif montagneux qui s'étendait dans l'Est et l'Ouest à perte de vue.

Ce n'était donc pas là le continent asiatique.

Mais l'heure n'était pas à l'examen de la carte.

Le ballon n'était plus qu'à trois ou quatre milles du redoutable obstacle. Bientôt il ne serait plus temps de prendre un parti...

— Et la nacelle? s'écria soudain Christiane... ne serait-il pas possible de l'abandonner?

C'était une réminiscence de Jules Verne qui revenait à la vaillante Française.

Dans cet instant tragique, elle se raidissait contre la peur pour être à son tour digne de l'homme qu'elle inspirait.

— La nacelle ! fit Georges Durtal comme un écho.

Et ce fut pour lui un trait de lumière.

Tirant la hachette qu'il avait passée à sa ceinture, il donna un coup sec sur un des câbles de suspension, au point où il se fixait au bordage.

Sous le tranchant de l'acier, la cordelette en fils de cuivre tressés se brisa net.

Ce résultat pouvait donc être obtenu sur tout le pourtour de la nacelle.

— Mlle de Soignes a raison, sir James... nous n'avons plus que ce moyen, dit le jeune homme. Nacelle et moteur pèsent 1.200 kilogrammes. Assurément, le *Patrie* délesté de ce poids nous emportera par-dessus la falaise.

— Mais où nous mettre !... glapit douloureusement l'Américaine. Ne me quittez pas James !... Je...

Une vague qui balaya la nacelle coupa le reste de la phrase. Mais déjà Georges Durtal avait pris son parti et donnait ses ordres :

— A l'échelle ! s'écria-t-il... On peut y tenir trois : mistress Elliot et Mlle de Soignes sur les échelons supérieurs, assises ; vous docteur, sur le dernier échelon !

Et ce disant, il trancha l'extrémité des câbles qui rattachaient au bordage l'échelle conduisant au ventilateur; puis aussitôt il s'attaqua aux autres.

— Ne vous préoccupez pas de moi ! fit une voix lasse, lugubre, lointaine.

Et le docteur Petersen, que les dramatiques péripéties de cette course échevelée n'avaient pu distraire de son absorbante préoccupation, brandit un carnet sur lequel il venait de tracer un dernier chiffre...

— Voilà, fit-il, voilà la vérité ! Or, la science, c'est avant tout la vérité !

Ce n'était pas le moment d'interroger le digne homme et de savoir ce qu'il voulait dire par ces mots. Il avait d'ailleurs l'air égaré et il fallut que l'Américain l'obligeât à s'installer sur l'échelle, dont les deux femmes occupèrent en hâte les échelons supérieurs.

— Pour vous, sir James, ce trapèze de suspension : je prendrai l'autre.

— Prenez garde ! cria l'Américain... Ne restez pas dans la nacelle !... Rejoignez-nous vite !

— Georges ! cria à son tour Christiane qui s'était débarrassée de son lourd manteau de fourrures pour être plus libre de ses mouvements ; un câble vient de se rompre... grimpez vite ! les autres vont céder...

La nacelle en effet ne tenait plus à l'aérostat que par quatre points d'attache, et l'un d'eux venait de se briser.

Mais sans s'être concerté avec Christiane, et certain d'être avec elle en communauté de pensée, Georges Durtal voulait, avant de se sauver, réparer, s'il le pouvait encore, l'injustice dont il avait lui-même bénéficié.

Et maintenant il hâlait sur sa corde le malheureux Bob exténué.

L'état du nègre n'était pas tel d'ailleurs qu'il fût incapable de tout mouvement, et malgré son long séjour dans l'eau, le malheureux, véritablement chevillé contre le froid, eut la force de s'accrocher au bordage, dès qu'il le sentit sous sa main.

Que deviendrait-il ensuite? L'officier n'avait plus le temps de se le demander.

Satisfait seulement de lui avoir mis en main une bouée, une chance de salut et certain d'être récompensé par un regard de Christiane, il s'élança dans les agrès.

— Georges! Georges! Vite!...

Un nouveau câble venait de céder. Deux seulement rattachaient encore la nacelle au ballon, et celle-ci faisait à la crête des vagues des bonds désordonnés...

— Vous avez la corde de déchirure, sir James?

— Oui. Grimpez vite, commandant!...

Mais, pour trancher ces deux amarres, Georges Durtal fut obligé de se suspendre au dernier barreau de l'échelle.

L'un des câbles fut tranché sans difficulté ; mais le dernier résista aux coups de hache que l'officier ne pouvait plus appliquer au bon endroit, et devant eux le formidable bastion de granit grandissait démesurément.

Déjà, les naufragés de l'air entendaient les cris discordants des myriades d'oiseaux de mer que chassait des anfractuosités rocheuses la vue du colossal oiseau qui se ruait à l'assaut de leurs nids, lorsque, enfin, à la suite d'un soubresaut plus violent que les autres, le dernier câble se brisa.

Le *Patrie* fit un bond gigantesque!

— Georges!

Et l'appel désespéré de la jeune fille, installée au sommet de l'échelle et, les bras raidis, se penchant pour regarder au-dessous d'elle, se perdit dans le vacarme et dans le vent.

— Christiane!... je suis là!... Tenez-vous bien!

L'intrépide officier, suspendu à l'extrémité de l'échelle, dont Petersen assis occupait l'avant-dernier échelon, était dans l'attitude du gymnaste suspendu à un trapèze.

Au-dessous de lui, la nacelle, ballottée, mais toujours flottante, n'était déjà plus qu'un petit point.

L'œil atone, assis sur l'avant-dernier échelon, le docteur Petersen considérait le vide qui se creusait à ses pieds ; ses lèvres remuaient sans émettre de sons.

Levant la tête, Georges Durtal vit Christiane descendre de quelques échelons, comme si elle eût cherché à venir à sa rencontre et, arrivée à hauteur de mistress Elliot, l'enlacer étroitement.

Sur l'un des trapèzes destinés à amortir le choc aux atterrissages, sir James assis et que sa position empêchait de tourner la tête, appelait Cornelia qui ne répondait plus.

L'enveloppe du *Patrie* pointait maintenant vers le ciel son avant en forme de bec ; elle montait obliquement avec une rapidité de météore, et pourtant, si grande que fût sa vitesse ascensionnelle, celle du vent était plus grande encore, et l'immense muraille se dressa soudain devant elle, avant qu'elle en eût atteint le sommet.

Le choc était inévitable et une affreuse angoisse s'empara de Georges Durtal.

Depuis un instant, il était hanté par la terreur de voir l'échelle se rompre sous le poids de la grappe humaine qui l'encombrait.

Or, inévitablement, cette rupture allait suivre le choc, et en admettant même que l'échelle tînt bon, les deux femmes ne lâcheraient-elles pas prises sous l'action du terrible à-coup qui allait se produire et du rebondissement qui secouerait tout l'aérostat?...

Il jeta vers elles la phrase si souvent redite depuis le départ « Tenez-vous bien ! » et n'eut pas le temps de la répéter, car au même moment la rencontre se produisit.

Par bonheur, elle n'eut pas lieu normalement : à la hauteur de 6 à 700 mètres à laquelle le ballon était arrivé déjà, la falaise n'était plus verticale et sa pente, combinée avec la poussée ascensionnelle du *Patrie*, atténua l'abordage.

Le heurt brutal qu'avait redouté l'officier se transforma en un frottement rude et prolongé.

Mais le *Patrie* avait dû rencontrer le long de la paroi rocheuse des aspérités qui avaient élargi les plaies par lesquelles fusait son hydrogène, car sa poussée ascensionnelle se ralentit, et Georges Durtal, levant la tête, eut la sensation aiguë qu'il n'atteindrait pas le sommet.

C'était une situation atroce, car rien au monde ne pouvait plus être tenté.

Tout délestage était désormais impossible.

Quand il aurait cessé de monter, l'aérostat commencerait à descendre avec une vitesse accélérée.

Alors Georges Durtal n'eut plus qu'une pensée : rejoindre Christiane, se trouver près d'elle quand la chute commencerait, la soutenir quand on atteindrait les vagues, mourir avec elle s'il ne pouvait rien.

D'un vigoureux coup de rein, il se renversa en arrière, passa ses jambes sous le savant et se redressant, maintenant assis sur le dernier échelon, il se trouva face à face avec lui.

Petersen avait un regard étrange, ses dents claquaient et sa grosse tête roulait sur ses épaules, comme trop lourde.

— Nous n'arriverons pas en haut ? demanda-t-il d'une voix rauque.

— Non! fit l'officier, les dents serrées.

Et Georges Durtal s'apprêtait à franchir les trois échelons qui le séparaient de sa fiancée, quand nerveusement la main du docteur saisit la sienne :

— Commandant, fit-il d'une voix saccadée, les yeux brillants de fièvre, écoutez-moi.

Et lui mettant dans la main le carnet qu'il n'avait pas lâché depuis le départ :

— Ceci est mon testament, fit-il... A la dernière page vous le trouverez...

Il s'interrompit pour dégager une de ses jambes et se mit debout.

— Docteur, que faites-vous ?... Prenez garde !

— Moi, fit Petersen... ma vie ne compte plus... Mieux vaut que je vous la donne !...

— Docteur... oh ! docteur !

Mais Petersen venait de lâcher son appui et, recroquevillé, rebondissant de roche en roche, il disparaissait, épave minuscule, dans le tourbillon d'écume qui battait la falaise.

Un dernier mot monta jusqu'à l'officier atterré :

— Vérité !

Et soudain délesté, le ballon, qui semblait accroché à une aspérité rocheuse et prêt à se replonger dans l'abîme, se remit à escalader la rouge paroi. Quelques instants après, il en franchissait le sommet et prenait sa course sur un plateau dénudé, pierreux, creusé de profonds ravins.

— La corde ! sir James, la corde !...

L'Américain n'avait pas attendu cet appel : d'une traction vigoureuse il avait dégagé la corde de déchirure de son anneau de sûreté et, sans effort ensuite, avait décollé à l'intérieur de l'enveloppe le large segment de soie qui ouvrait issue à l'hydrogène.

Presque instantanément, l'enveloppe s'affaissa.

Le *Patrie* — ou du moins ce qui en restait — se traîna encore une dizaine de mètres sur le sol et s'arrêta, flasque et vide, recouvrant les naufragés.

Un à un, ils se dégagèrent. Mistress Elliot était défaillante et à bout de forces; seule, l'énergique intervention de Christiane l'avait soutenue contre le vertige au moment du heurt contre la falaise, et quand elle vit son mari penché sur elle avec anxiété, ses premiers mots furent l'expression d'une chaleureuse gratitude à l'adresse de la vaillante jeune fille.

Mais déjà Georges et Christiane étaient aux bras l'un de l'autre.

Et il n'y eut plus rien au monde pour eux que le bonheur de se retrouver au sortir de cette tombe entr'ouverte!

ÉPILOGUE

Le *Patrie* est tombé en Alaska. Les passagers sont sauvés grâce au dévouement de Petersen dont le testament est lu par Georges Durtal sur la dernière page du carnet qui lui avait été confiée.

Ceci est mon testament.

« Le culte de la Vérité, à laquelle j'ai consacré ma vie, m'oblige à reconnaître solennellement que j'ai commis une erreur grave au cours des observations effectuées à l'aide de mon instrument, pendant notre translation dans la brume, au-dessus de la banquise polaire.

« J'ai confondu *Pollux* de la constellation des Gémeaux avec γ de la même constellation, parce que cette dernière étoile qui est une « périodique », se trouvait dans la période d'intensité croissante qui la fait passer, pendant dix jours seulement, de la troisième à la deuxième grandeur.

« J'ai été confirmé dans cette erreur substitutive par le voisinage de μ de la même constellation, que j'ai confondue avec *Castor*.

« Sur cette erreur, j'ai basé tous les calculs faits après la découverte de l'île Petersen.

« Ils étaient donc faux.

« Je viens de les recommencer : on les trouvera rectifiés dans les pages qui précèdent.

« Il résulte de ces nouvelles données que nous avons atteint, non pas le 90e degré de latitude nord, mais 88° 42' 20", ayant effectué une déviation sur notre gauche de 2° 12'.

« *Nous n'avons donc pas touché le Pôle Nord, comme je l'ai affirmé.*

« Nous avons effectué un trajet égal à la distance qui nous en séparait au départ, mais nous ne l'avons pas atteint.

« Nous nous en sommes écartés à 78 milles, soit 145 kilomètres et avons dû stationner le 11 septembre à 62° 9 de longitude Ouest.

« Le journal d'Andrée confirmera, je veux l'espérer, mon nouveau chiffre.

. . . .

« Mais j'ai assuré par le T. S. F. le 11 septembre à 6 heures du soir que nous étions arrivés à 89° 47 et que nous atteindrions l'axe terrestre deux heures plus tard.

« L'univers entier croit aujourd'hui, sur la foi de mon nom, que le Pôle est atteint.

Il ne l'est pas.

« Je ne survivrai point à l'humiliation qui m'attend au retour et qui rejaillirait sur la Norvège, chère petite patrie à laquelle je garde le meilleur de moi-même.

« Ceci est donc mon testament.

« Car je saisirai la première occasion de disparaître, souhaitant seulement que ma mort soit plus utile que ne l'a été ma vie.

. . . .

« Je lègue ma bibliothèque à l'Université de Christiania, le plan de mon instrument à sir Elliot, qui voudra bien le faire reconstruire et le placer au musée de Washington.

« Je le remercie, ainsi que mistress Elliot, de m'avoir associé à leur expédition et à leurs recherches scientifiques et je leur adresse mes adieux d'ami et de chrétien.

« Je prie monsieur le lieutenant français Durtal de garder ce carnet, fruit de mes derniers travaux, en souvenir de la haute estime que m'a inspirée son caractère et celui de sa vaillante compagne.

« En terminant volontairement une existence vouée à la science et au travail, je prie le Tout-Puissant, qui est aussi le Tout-Miséricordieux, de m'accueillir dans la paix et de donner le repos à mon âme dans la Vérité immuable.

« Fait à bord du *Patrie*, par latitude et longitude inconnues, le quatrième jour après le départ du Cap Nord.

« *Signé* : Docteur JULIUS PETERSEN. »

Le jeune officier avait la voix altérée en achevant cette lecture, et un silence lourd d'émotions la suivit.

— Pauvre docteur! murmura la jeune fille.

— Ainsi nous ne sommes pas allés au Pôle! articula lentement l'Américain.

Et un pli barra son front, creusé par une immense, une formidable déception.

— Ainsi, répéta-t-il, ce n'était pas le Pôle!...

Et Petersen devait nous en préciser le point à 300 yards près!...

Et j'ai compté mes pas!...

Et il s'est trompé de 78 milles, rien que cela!...

Sir Elliot se tut, accablé, et relevant soudain la tête :

— Mais alors, fit-il, Andrée ne l'a pas atteint non plus!...

— James, fit la voix aigre de mistress Elliot, vous n'en avez pas moins gagné votre pari, car les erreurs n'ont commencé qu'après la rencontre de l'île Petersen, qui est au delà de 87° 6.

— C'est vrai, Cornelia, fit le milliardaire, dont l'air soucieux accusait un trouble profond. Mais quel aveu à faire en arrivant après les dépêches affirmatives, triomphales, qui ont maintenant couru le monde entier!... En vérité, je comprends presque ce pauvre Petersen... Après une erreur aussi énorme, aussi retentissante, il ne pouvait plus reparaître en Amérique.

— James! fit sévèrement la puritaine, ne blasphémez pas; vous savez que Dieu défend le suicide...

Or, il nous est interdit, après la lecture de ce testament, de regarder la fin de ce malheureux Petersen autrement que comme un suicide prémédité... C'est affreux !

— Affreux ! madame, ne put s'empêcher de protester Georges Durtal... Mais sans lui...

— Je sais ce que vous allez me dire... Nous devons la vie à ce suicide. Mais je n'ai qu'une réponse à vous faire : *en aucun cas* nous ne devons disposer de l'existence que nous a confiée le Très-Haut...

— Même pour en sauver d'autres ?...

Le milliardaire évita à sa femme une réponse embarrassante.

— Pauvre Petersen, fit-il, il aurait eu, comme géologue, de sérieuses satisfactions s'il avait pu atterrir avec nous, car c'est le sol riche et vierge par excellence ; ainsi, voyez, il doit y avoir de l'étain ici : voilà une pierre aux lamelles argentifères qui n'est autre qu'une pyrite d'étain. Étain et or ! une concession sur ce plateau donnera des bénéfices immédiats, colossaux...

Et, les yeux à terre, le milliardaire s'absorba dans l'examen du minerai.

Christiane, silencieuse et émue, songeait.

Elle se reprochait de n'avoir pas deviné tout ce que renfermait de dévouement et de droiture l'ingrate enveloppe du pauvre savant, en qui elle n'avait vu qu'un doux maniaque. Il avait su choisir, pour se débarrasser d'une vie trop lourde, le moment où cet abandon serait profitable à ceux devant lesquels la vie s'annonçait riante et féconde.

Non, Dieu, plus indulgent que les hommes, ne l'accablerait point et le recevrait là-haut!...

Et, de son cœur tout vibrant de reconnaissance, une prière monta pour l'infortuné savant.

Pendant qu'on en était aux déceptions, Georges Durtal avoua le touchant mensonge qui avait donné naissance à l'île Petersen. L'aérostat avait tout simplement touché la banquise; aucune terre n'en émergeait et c'était encore une rectification à faire au compte rendu que, sur la foi des dépêches, avaient déjà diffusé dans le monde entier journaux et sociétés savantes.

— Pauvre Petersen! conclut de nouveau l'Américain. Je ne sais plus s'il est bien opportun de lui faire bâtir une pyramide en ce lieu, car décidément, il ne restera pas grand'chose de lui...

— Il emporte mon admiration la plus sincère, déclara nettement Christiane.

— Il a emporté aussi deux boîtes de pâté truffé que je lui avais mises dans ses poches à la répartition des vivres, remarqua l'Américaine. C'est tout à fait regrettable, car nous allons être rapidement au bout de nos provisions.

Ce fut la fin de l'oraison funèbre du pauvre homme.

Les naufragés de l'air atteignent Vaucouver après 30 jours de marche et de navigation.

Ce fut à Vancouver qu'un interprète suédois put leur traduire le journal d'Andrée.

L'Américain tenait surtout à y trouver confirmation de la latitude atteinte par le *Patrie*, avant de livrer un récit définitif de l'expédition au *New-York Herald*.

Cette latitude, il ne l'y trouva point.

Andrée avait ignoré jusqu'au dernier moment à quelle hauteur exacte il était parvenu, ayant perdu ses instruments dans des conditions que son journal laissait inexpliquées.

Il fixait seulement à l'estime cette position entre le 88e et le 89e degré et le docteur Petersen, en trouvant 88°42, était dans les limites de l'hypothèse du Suédois.

Le journal d'Andrée comprenait le récit très bref de dix-neuf mois d'hivernage, du jour du départ, 2 juillet 1897, à janvier ou février 1899.

Il commençait par être quotidien, puis ne portait plus que des notes brèves de semaine en semaine, lorsque la monotonie de la vie sur la banquise ne fournit plus matière suffisante au récit.

Les dernières lignes d'ailleurs ne portaient plus de date.

Les infortunés s'étaient éteints dans la longue nuit polaire, vraisemblablement en février 1899, et le temps avait cessé d'avoir pour eux les mêmes divisions que pour le reste des hommes.

Le début du journal montre quelle foi dans le résultat de l'expédition animait ces trois apôtres.

2 JUILLET, 280 mètres. « Je trace ces lignes appuyé « sur le rebord de la nacelle, l'âme remplie d'une « confiance sans bornes dans cette Providence à « laquelle nous nous confions. Le Dieu des glaciers « et des tempêtes est aussi le Dieu de bonté et le « Maître de la science. Nous sommes dans sa main, « suspendus à une bulle de gaz dans l'atmosphère « infinie. Un souffle de sa volonté peut, en quelques « heures, nous faire atteindre ce Pôle autour duquel « ont dû s'arrêter tant de courageux navigateurs. Si « c'est une pensée outrecuidante que j'ai conçue en « tentant d'y parvenir par une autre voie, que cet « accès d'orgueil me soit pardonné ; c'est pour la « science et pour le renom de mon pays dans le « monde que je l'ai laissée féconder mon cerveau. »

L'*Aigle* dut demeurer environ trente heures dans l'atmosphère. Il marcha au guide-rope pendant seize heures dans la bonne direction ; puis, l'extrémité renforcée de cet appendice s'étant prise dans une faille de glace, immobilisa le ballon.

Pour recouvrer sa liberté, Andrée dut l'abandonner.

Mais ainsi délesté, il atteignit 800 mètres et rencontra à cette hauteur un contre-courant qui le ramena vers le Groenland.

Il n'espérait plus retrouver la direction du nord, lorsqu'un de ces cyclones si fréquents dans le bassin polaire, l'y reporta de nouveau à la 22e heure ; et c'est dans la bouche d'Andrée un nouveau chant d'actions de grâces.

3 JUILLET. 460 mètres. « Que l'Eternel soit loué !
« Dans huit heures, à la vitesse du courant dans le-
« quel nous sommes plongés, nous devons être au
« Pôle.

« Tout au moins nous en passerons bien près.

« Où irons-nous ensuite ? C'est le secret du Tout-
« Puissant, et je n'y veux pas penser. Je demande,
« seulement, si nous devons aller nous abîmer dans
« les mers inconnues qui baignent l'Amérique du
« Nord, que l'une de nos bouées, jetée au passage
« au-dessus de l'axe terrestre, aille dire à nos frères
« de Suède :

« C'est un des vôtres qui le premier a approfondi le mystère arctique ! »

Puis, c'est la catastrophe. L'*Aigle* perd son gaz.

Andrée ne dit pas, ne sait peut-être pas à quoi est due la fuite de son hydrogène.

Le ballon, courant à quelques mètres au-dessus de la banquise, vient heurter la falaise de glace que lui masquait le brouillard : le choc a précipité au dehors Strindberg, qui était de garde sur le toit de la nacelle, et a fait sauter les soupapes.

Le ballon se vide et, à coups de hache, les aéronautes coupent les câbles qui le rattachent à la nacelle... L'*Aigle* disparaît par-dessus la falaise, et Andrée écrit :

4 JUILLET. « Nous avons passé de lugubres heures « à rechercher notre malheureux ami : il a dû être « tué raide en tombant. Il nous précède devant le « Tribunal de Dieu...

« Nous sommes perdus.

« Nul ne viendra nous chercher aux environs du « 89e degré, latitude où j'estime que nous venons « de tomber ; nul, par conséquent, ne saura que « nous y sommes parvenus, car je ne compte pas « sur nos deux derniers pigeons voyageurs partis « tout à l'heure. Ils ont dû tomber près d'ici, sous « l'avalanche de neige qui nous a à demi ensevelis.

« Sans l'abri de la falaise, c'était aujourd'hui « notre dernier jour.

« Nous allons y creuser notre tombeau. »

Deux jours après :

6 JUILLET. « Nous avons de nouveau exploré les « environs, crié, tiré des coups de feu pour retrou- « ver Strindberg, mais en vain. Maintenant, la neige « qui tombe en abondance a recouvert son corps : « que Dieu ait son âme et puisse-t-il, nous précé-

« dant dans l'éternel repos, obtenir du Tout-Puis-
« sant l'adoucissement de nos derniers jours !... »

La grotte est creusée. Les deux naufragés plantent à l'entrée le drapeau suédois...

Et c'est la vie d'hivernage dans toute sa monotone tristesse.

Par bonheur, ils ont deux fusils et des munitions; ils tuent quelques ours, non sans avoir failli être dévorés eux-mêmes par une ourse dont ils avaient emporté l'ourson.

Bien que n'espérant plus rien, la passion des découvertes tient toujours Andrée et, au cours de septembre 1898, il s'attaque à la banquise pour y creuser le puits qui doit conduire à l'Océan arctique.

Ils se relaient pour ce travail et, bien qu'ils aient pris la précaution de s'attacher avec des cordes, Fraenkel disparaît dans l'eau en arrivant à la dernière couche de glace, à 3 m.50 de profondeur. Andrée l'en retire, mais son compagnon contracte là une pneumonie que compliquent encore des attaques de scorbut.

Fraenkel ne se relèvera plus : il meurt au cours d'octobre 1898.

18 OCTOBRE. « Je n'ai ni le courage, ni la force de
« traîner au dehors le cadavre de mon pauvre com-
« pagnon, écrit Andrée ; j'ai récité sur lui les der-
« nières prières : je devrais lui donner pour tombeau
« ce puits que nous avons ouvert sur la mer et que

« le froid bouchera dans quinze jours ; mais la soli-
« tude où je me trouverai m'effraie. Puisque le froid
« empêche la décomposition, je vais le garder près
« de moi, dans son sac de peau, et je m'imaginerai
« qu'il dort... Puisse mon sommeil être aussi calme
« que le sien !...

21 OCTOBRE. « J'ai pu me traîner au bord de notre
« puits, regard ouvert sur l'Océan glacial, avec le
« plomb de sonde que nous avions emporté. Je l'ai
« laissé filer tout entier...

« 2.500 mètres sans atteindre le fond !

« Cette expérience confirme les sondages de Nan-
« sen et permet de conjecturer qu'une mer pro-
« fonde recouvre toute la calotte boréale.

« Ce sera ma dernière expérience. Car je ne me
« sens plus la force d'aller à la chasse et la mort
« arrivera avec la fin de nos conserves...

« Encore un mois, peut-être deux !

« Seigneur, donnez-moi le courage nécessaire
« pour envisager sans terreur la solitude doulou-
« reuse où je vais m'éteindre ! »

Puis ce sont des phrases sans date :

« L'immobilité de Fraenkel m'effraie !...

« Et pourtant quelquefois il me semble voir pas-
« ser une lueur au fond de ses orbites.

« Dieu permet-il que les morts viennent aider les
« vivants à franchir le redoutable passage ?

. . . .

« Mangé aujourd'hui la dernière boîte de ham.

« Plus qu'une bougie... Je l'économiserai aussi « longtemps que possible...

« Mais que de fantômes dans cette obscurité !

. . . .

« Je viens d'avoir une révolte, un accès de déses- « poir en pensant aux miens...

« Nous devons être proches de la fête de Noël. Je « n'ai plus compté les jours, il me semble avoir « sommeillé longtemps...

« Noël !... Au pays, la joie est dans tous les cha- « lets. Des lumières brillent dans les sapins...

« Dans la patrie, la neige elle-même est gaie et la « glace n'attriste pas !...

« Ce sont les courses en sky... les longues veillées « sous la lampe, près du grand poêle de faïence...

« Pourquoi ai-je quitté tout cela ?...

« Puis, des phrases sans suite, écrites à tâtons :

« Plus de lumière !...

« Et pourtant cette grotte m'apparaît parfois « pleine de clartés... Hallucinations sans doute !...

« Adieu, Suède aimée !... Adieu tous !

« Seigneur, recevez-moi et accordez-moi le par- » don éternel ! »

Les yeux de Christiane étaient baignés de larmes en parcourant ces dernières lignes, tracées d'une main tremblante sur le papier jauni. Cette peinture tragique eût pu être celle de leur propre destinée, si l'énergie de Georges Durtal, si le legs d'Andrée ne les avaient arrachés à l'affreuse mort dont les lugubres étapes étaient retracées là.

A New-York, ils assistent à une fête splendide donnée par les milliardaires en l'honneur de M. James Elliot.

Au sortir de cette fête éblouissante, les deux jeunes gens montèrent dans l'automobile de mistress Elliot, qui avait eu sa part des ovations prodiguées à son mari, et tous trois rentrèrent à l'hôtel du milliardaire, situé sur la cinquième avenue.

Ils y trouvèrent le Consul de France, porteur d'un pli officiel du Ministre de la Guerre français, transmis par l'intermédiaire des Affaires étrangères, à l'adresse du lieutenant Durtal, du bataillon d'aérostiers militaires.

En recevant la large enveloppe scellée de rouge, le jeune officier du génie eut un sourire de joie.

C'était le lien rétabli entre ses chefs et lui.

C'était sa rentrée dans l'armée, dans la vie hiérarchique, et Christiane, qui se sentait déjà de la « grande famille », se pencha pour lire le texte des premiers mots d'éloge qui, par une attention délicate du Ministre, devançaient le retour des naufragés en terre de France.

Elle vit blêmir le jeune officier.

— Georges, qu'est-ce donc ?

Elle lut par-dessus son épaule, stupéfaite :

C'était un ordre au lieutenant aérostier Durtal d'avoir à comparaître devant le Rapporteur du

1er Conseil de guerre, séant à Paris, pour y répondre de la perte de l'aérostat militaire dont il s'était trouvé le chef éventuel.

— Ah ! par exemple !,..

Et le jeune homme ne trouva pas autre chose à dire, suffoqué.

Le milliardaire survint à ce moment et n'en put croire ses oreilles.

« C'était à devenir antimilitariste », déclara-t-il tout d'abord.

Il s'emporta, tonitrua et menaça de faire intervenir l'ambassadeur des États-Unis, mais Georges Durtal avait repris ses esprits et expliquait.

— C'est par application de ce qui se passe dans la Marine, que je suis traduit en Conseil de guerre : tout commandant de bâtiment qui perd son navire, eût-il fait son devoir héroïquement pour le sauver, doit en passer par là. Le plus souvent, il en sort avec les félicitations du Conseil et aux applaudissements de ses camarades.

— Espérons qu'il en sera ainsi cette fois, grogna sir Elliot... Mais c'est égal, pour une surprise, c'en est une ; le premier mot de bienvenue que vous recevez de votre gouvernement n'est pas ordinaire. Singulier pays !

Le 28 octobre enfin, les deux jeunes gens s'embarquèrent pour la France. Sir Elliot et sa femme les quittèrent avec les marques de la plus vive affection, leur promettant formellement leur venue à Andevanne, pour assister à leur mariage.

Sur le pont du steamer qui les emportait, sir Elliot tira un carnet de chèques.

Il y griffonna un nombre en toutes lettres :

Deux millions cinq cent mille francs, signa et le tendit au jeune homme.

Et comme Georges Durtal reculait d'un pas, ébloui :

— Impossible de refuser, fit l'Américain. Cette promesse a été faite au moment où vous veniez de me sauver la vie : elle est sacrée ?... Vous m'obligeriez à déposer cette somme à votre nom à la Banque de France...

Et soudain, dans un gros rire :

— Seulement, dit-il, j'ai fait une erreur : j'aurais dû, puisque vous faites désormais bourse commune, vous retenir 200 livres, soit 5.000 francs, pour les deux paris de 100 livres chacun que je vous ai gagnés ; l'un à vous-même il doit vous en souvenir, quand je vous ai parié que nous regagnerions l'Europe.

— C'est vrai, dit l'officier, je l'avais oublié.

— L'autre à Mlle de Soignes au sujet de la hauteur de notre falaise de glace.

— Mais pas du tout, intervint à son tour mistress Elliot ; celui-là, James, vous l'avez perdu.

— Comment ! Mais mademoiselle a dû convenir elle-même que la falaise de glace était moitié moins haute que la *Liberté* de Bartholdi !... C'est d'ailleurs visible à l'œil nu d'ici : voyez l'énorme bronze dominant toute la rade ; notre falaise là-bas ne lui allait pas à la ceinture.

Et le milliardaire montrait à l'entrée du port de New-York la superbe statue qui, le bras dressé dans un geste splendide, élève son flambeau à 46 mètres au-dessus du rocher qui la supporte.

— La question n'est pas là, insista l'Américaine. Quand vous avez fait ce pari, vous supposiez l'un et l'autre que la falaise était au Pôle... Or, elle n'y était point.

— C'est vrai, fit le milliardaire : mais je n'ai pas perdu mon pari pour cela : il reste en suspens tant qu'on n'aura pas été voir ce qu'il y a réellement au Pôle.

— Nous n'avons qu'un an à attendre, dit en riant Christiane, puisque vous y serez l'an prochain.

— Et vous n'attendrez pas davantage, affirma avec énergie le tenace anglo-saxon.

Comment dépeindre les effusions, aussi vives qu'impressionnantes, qui accueillirent les deux jeunes gens à leur arrivée au Havre, où leurs parents, le Général Gouverneur de Verdun, le commandant Tuffier du *Patrie,* le directeur de l'École d'aérostation et de nombreux camarades les attendaient?

L'élan qui jeta Christiane aux bras de ses parents fut de ceux qui défient toute description et quand, au sortir de ces effusions, la jeune fille dont tout le monde connaissait la noble et touchante histoire, présenta à sa mère celui qu'elle demandait la permission d'appeler son fiancé, des larmes d'attendrissement coulèrent de bien des yeux.

Tout le monde se disait que, s'il était un bonheur mérité, c'était bien celui de cette vaillante qui, dans une aventure où tant de caractères eussent sombré, avait su se montrer Française de race et insuffler l'héroïsme autour d'elle.

Aussi, lorsque, dans le délai minimum, fut célébré dans la petite église d'Andevanne le mariage de Christiane de Soignes et de Georges Durtal, il y avait autour des deux jeunes gens autre chose que l'affection des proches et les vœux des amis, autre chose que les félicitations et les sourires des personnages officiels.

Il y avait, émanant du pays tout entier, comme un immense écho de la chaleureuse gratitude dont la France a toujours été prodigue, à l'égard de ceux qui ont élargi le champ de sa gloire et porté haut son pavillon.

Par avance, l'opinion imposait son verdict au Conseil de guerre.

*
* *

Ce fut une séance sensationnelle que celle où Georges Durtal comparut devant ses camarades devenus ses juges, pour répondre de la perte du *Patrie*.

Sir Elliot et sa femme, qui venaient d'assister au mariage de leurs jeunes amis, avaient prolongé leur séjour en France pour apporter à l'officier, devant le tribunal militaire, le témoignage de leur admiration et de leur reconnaissance.

L'ordre qui prononçait la mise en jugement de Georges Durtal ne visait point sa conduite au moment de l'envolée de l'aérostat dans le ravin d'Andevanne; car les auteurs de l'attentat avaient été arrêtés au moment où ils franchissaient la frontière du Luxembourg, grâce aux dépêches téléphoniques envoyées aussitôt d'Andevanne à tous les postes de douane. On avait appris avec stupeur alors que ces destructeurs de nos engins militaires étaient, non des étrangers, mais des anarchistes français mettant en pratique les plus détestables enseignements de l'antimilitarisme. Ils étaient trois et attendaient à cette heure leur comparution devant la Cour d'assises.

Mais leur attentat n'avait pas eu les conséquences qu'ils en espéraient : le *Patrie* avait été sauvé!

Et s'il était maintenant perdu pour la France, c'est parce que l'officier qui en était devenu le chef responsable, « avait cru pouvoir, — disait l'acte « d'accusation — le détourner de sa destination « pour entreprendre, sans ordre et sans autorisa- « tion, un voyage d'où il avait toutes chances de ne « pas revenir. »

Là était le point sur lequel s'appuyait le Commissaire du Gouvernement pour demander, non la condamnation de Georges Durtal à une peine quelconque, mais un blâme motivé, sauvegardant le principe hiérarchique.

Le blâme serait atténué dans la plus large mesure par les félicitations du Conseil, par les manifestations admiratives du pays tout entier, mais « il fal-
« lait une sanction — concluait le Ministère public
« — car il n'en était pas moins acquis que, si la
« guerre éclatait demain, la France serait privée,
« par le fait d'une initiative risquée, d'un de ses
« principaux éléments de défense, puisque le *Patrie*
« *n°* 2 était irrémédiablement perdu. »

— Il ne l'est pas! dit l'avocat de Georges Durtal se levant au milieu de l'émotion générale. Voici la dépêche qui est arrivée de Fort-Yukon, territoire d'Alaska, hier soir :

« Ai plaisir vous annoncer nacelle *Patrie* retrou-
« vée intacte par Esquimaux sur grève située trois
« milles lieu atterrissage. Nègre qui s'y trouvait
« secouru à temps. Ferai expédier nacelle, enve-
« loppe et nègre à votre adresse Paris, par vapeur
« descendant à Port-Michel mois prochain.

Gouverneur Alaska (*Fort Yukon*).

Malgré la solennité du lieu, des acclamations frénétiques retentirent dans l'enceinte dn Conseil de guerre, et le Président, cédant lui-même à l'enthousiasme général, ne chercha pas à les réprimer.

Les considérants du jugement acquittant Georges Durtal contenaient, à la suite des éloges les plus chaleureux à son adresse, la requête au Ministre de la guerre d'acquitter la dette de reconnaissance contractée par le pays envers l'un de ses officiers les plus intrépides.

— Il n'y a que ces nègres du diable pour avoir la vie aussi dure, dit l'Américain au jeune officier au sortir du Conseil de guerre ; un honnête blanc n'en serait jamais revenu.

— Puisque Bob arrive ici avec le ballon, il faut nous le laisser, dit Christiane ; nous le garderons à Andevanne. Georges, qui l'a repêché, deviendra l' « excellent maître » ; c'est bien son tour...

— Vous ne connaissez pas les nègres, madame. L' « excellent maître », ce sera toujours moi qui l'ai jeté à l'eau. Cette race n'apprécie que la main qui tient le fouet. Vous en verrez de toutes les couleurs avec ce diable de Bob. Mais mistress Elliot et moi vous l'abandonnons bien volontiers.

Mais il faut que votre mari m'accorde une compensation, en obtenant de l'ingénieur Julliot qu'il vienne sans retard me construire là-bas un dirigeable, le *Pôle-Nord*. Je comptais absolument sur lui et à mon grand étonnement...

— Il a refusé vos offres ?...

— Vous le saviez ?

— Je le tiens de lui-même.

— Je lui avais fait un pont d'or. Il préfère rester, me dit-il, dans les ateliers Lebaudy, où il a conçu ses premiers travaux et où il a tout ce qu'il faut pour perfectionner son œuvre. Vos compatriotes ne sont décidément que des sentimentaux.

— Je vais trahir un secret en vous donnant une autre raison de son refus, sir James : le *Pôle-Nord* va être construit en France; M. Julliot est déjà à Moissons pour le commencement des travaux et c'est un ballon français qui cette fois ira au Pôle, ne vous en déplaise... Il me paraît plus loyal de vous en informer...

L'Américain parut atterré.

— Et moi qui voulais faire un nouveau pari d'être au Pôle en ballon l'an prochain, murmura-t-il.

— Eh bien, sir James : allez-y dans le ballon de M. Lebaudy. Je me charge de vous y faire réserver une place.

Mais le milliardaire secoua la tête.

— Non, fit-il, cette solution est indigne de notre grande Amérique... Je vais chercher un autre inventeur, Capazza par exemple, dont le ballon lenticulaire me paraît d'une remarquable ingéniosité. Ou encore je vais essayer du nouvel aviateur de nos frères Wright; il peut porter quatre personnes et n'est pas, lui, à la merci d'une fuite d'hydrogène...

— C'est vrai, sir James, mais il est à la merci d'un boulon qui casse, ou d'une hélice qui file... on l'a bien vu !...

— Qui ne risque rien n'a rien ! clama le milliardaire. C'est le drapeau étoilé qui doit être planté là-bas le premier, et il le sera. Hurrah pour la libre Amérique !

Et mistress Elliot prit aussitôt sa Bible pour y trouver dans le livre du prophète Isaïe une prédiction adéquate.

*
* *

Cinq mois après la séance du Conseil de Guerre dont le jugement avait été unanimement acclamé et ratifié par le pays, Georges Durtal prenait possession comme capitaine de son nouveau commandement, et ce commandement était celui du *Patrie n° 2*, du *Patrie* arraché aux flots de l'Océan glacial et aux solitudes de l'Alaska.

Armé d'hélices neuves scintillant au soleil, reverni, ses plaies fermées, étincelant comme un navire de guerre, il arriva un dimanche au-dessus d'Andevanne, évolua gracieusement à la cime des arbres et, sa nouvelle flamme tricolore à l'arrière, descendit lentement dans le ravin, définitivement classé *abri pour dirigeable* et organisé comme tel.

Le Gouverneur de Verdun et le Directeur de Chalais-Meudon étaient à bord. George Durtal avait demandé, et aisément obtenu, d'orienter sa première sortie vers ces lieux d'où il était parti à la conquête du bonheur.

L'officier d'infanterie, qui commandait le poste de garde et se présenta à lui à l'arrivée, était le même qui avait dû crier : « Lâchez tout ! », pendant la nuit tragique, pour éviter un malheur plus grand.

Il semblait que tout concourût à rappeler au jeune commandant la date du 6 septembre, point de départ pour lui d'une existence de rêve.

De nouvelles amarres, celles-là métalliques et

fixées à des blocs de béton profondément enfouis dans le sol, furent expérimentées.

Une échelle spéciale, allant de la nacelle au gouvernail, remplaçait les deux cordages jumelés le longs desquels le lieutenant du génie avait effectué au-dessus de la mer sa périlleuse ascension.

Quand le majestueux aerostat fut immobilisé dans son alvéole provisoire, Cassagne, le sapeur de garde, monta dans la nacelle et, songeant que la femme de son commandant, dont il avait reconnu à l'arrivée la fine silhouette, ne manquerait pas de venir s'y asseoir tout à l'heure, il épousseta avec soin le tapis qui recouvrait le banc d'arrière.

Tout le monde se dirigea vers le château ou un lunch était servi.

Bob Midy servait à table, la figure épanouie : il ne semblait point qu'il regrettât, outre mesure, « *l'excellent maître* », car il avait déjà fait connaissance avec une certaine eau-de-vie de marc de Lorraine qu'il trouvait supérieure au whisky et sa frêle cervelle de nègre avait déjà oublié le bain prolongé que lui avaient valu ses tendances à l'ivrognerie, en même temps que son instinct lui faisait prévoir une indulgence sans bornes chez ses nouveaux maîtres.

Avant que le lunch prît fin, Georges Durtal et Christiane s'esquivèrent sans bruit, et les convives échangèrent un sourire en les voyant disparaître, car leur pensée avait été devinée.

Tous deux voulaient revivre les impressions qui

avaient précédé les minutes tragiques de l'envolée nocturne, et, par le sentier ombreux qui conduisait à la tête du ravin, ils partirent, enlacés et silencieux.

Le printemps avait reverdi les coteaux et couronné l'Argonne de frondaisons nouvelles. C'était une fin de journée comme celle-là qui les avait vus déboucher souriants à l'orée du bois, elle extasiée devant l'apparition du géant de l'air, lui subissant déjà l'emprise d'un charme d'une infinie douceur.

Il n'y manquait même pas la brise agitant les grands chênes au sommet des plateaux et balançant majestueusement dans son berceau naturel le *Patrie* ressuscité.

Arrivée au bord du ravin, elle contempla longuement le grand corps jaune et flottant et s'assit sur l'herbe.

Il resta debout près d'elle, lui abandonnant la main qu'elle avait prise et attendant qu'elle descendît la pente.

Lui aussi avait pensé qu'elle voudrait remonter dans cette nacelle, où ils avaient vécu des heures inoubliables dans le froid et la tempête, qu'elle y jouirait délicieusement de la sécurité dont il répondait, et qu'à la tombée de la nuit, il la sentirait néanmoins tressaillir au moindre balancement du monstre.

Elle n'y songea point.

Fille de fière race, elle s'était trouvée un jour devant une grande œuvre à tenter et avait laissé parler en elle la voix des siècles.

Elle avait été héroïque sans pose et sans souci de faire figure.

Maintenant elle aimait, et c'étaient d'autres voix qu'elle écoutait, celles des aïeules dont jadis des vaillants avaient porté les couleurs et qui lui disaient de garder jalousement un bonheur revenu de si loin.

L'heure de l'héroïsme, qui sonne rarement pour la femme, était passée. Celle de l'amour, qui remplit sa vie, était venue...

Puis une vision venait de s'interposer entre elle et l'aérostat, celle d'une crypte de neige où s'allongeaient, dans leur linceul glacé, les deux vrais « Robinsons de l'air », les passagers de l'*Aigle*, martyrs du Pôle, et une larme perla à ses longs cils.

Georges Durtal sentit cette larme couler sur sa main et vivement s'agenouilla.

— Christiane, ma bien-aimée, tu pleures !...

— Reste ainsi, Georges, fit-elle... prions pour Andrée, veux-tu?

Et en remontant vers le château, serrée contre lui, heureuse, mais frissonnante, elle murmura encore, les yeux perdus au loin :

— Pauvre Andrée !...

TABLE DES MATIÈRES

E. GREVIN — IMPRIMERIE DE LAGNY

EN VENTE CHEZ LE MÊME ÉDITEUR

COLLECTION DES AUTEURS CÉLÈBRES

à **60 cent.** le volume *broché*.
Chaque volume broché se vend séparément.

Volumes parus avec couverture en couleurs.

N°	Auteur	Titre	
474.	AIMARD (G.)	Le Robinson des Alpes	1 vol.
14.	BELOT (Adolphe)	Deux Femmes	1 vol.
229.	BOUSSENARD (L.)	Chasseurs Canadiens	1 vol.
305.	CANIVET (Ch.)	Enfant de la mer (Ouvr. cour.)	1 vol.
30.	CHAVETTE (E.)	Lilie, Tutue, Bebeth	1 vol.
18	CLARETIE (Jules)	La Mansarde	1 vol.
475.	COOPER (Fenimore)	Le Tueur de Daims	1 vol.
26.	COURTELINE (G.)	Le 51e Chasseurs	1 vol
237.	—	Boubouroche	1 vol.
2.	DAUDET (Alphonse)	La Belle Nivernaise	1 vol.
131.	—	Les Débuts d'un Homme de Lettres.	1 vol
124.	EXCOFFON (A.)	Le Courrier de Lyon	1 vol.
1.	FLAMMARION (Camille).	Lumen	1 vol.
480.	GALLUS (Emmanuel)	La Victoire de l'enfant	1 vol
476.	GARNERAY (Louis)	Voyages, aventures et combats	1 vol.
477.	—	Mes pontons	1 vol.
17.	GAUTIER (Théophile)	Jettatura	1 vol
172.	GOGOL (Nicolaï)	Les Veillées de l'Ukraine	1 vol
9.	HALT (Mme ROBERT)	Hist. d'un Petit Homme (Ouvr. cour.).	1 vol
478.	HEINE (Henri)	Le Tambour Le Grand	1 vol
200.	JACOLLIOT (L.)	Les Chasseurs d'Esclaves	1 vol
483.	LAFARGUE (Fernand)	Dette d'Honneur	1 vol.
482.	LEMAITRE (Claude)	Marsile Gerbault	1 vol.
484.	LEMONNIER (C.)	La Faute de Mme Charvet	1 vol.
195.	MAEL (Pierre)	Pilleur d'Epaves (mœurs maritimes)	1 vol
209.	—	Le Torpilleur 29	1 vol.
264.	—	La Bruyère d'Yvonne	1 vol.
334.	—	Le Roman de Joël	1 vol.
481.	MARTEL (T.)	La Prise du bandit Masca	1 vol.
64.	MAUPASSANT (Guy de)	L'Héritage	1 vol.
111.	—	Histoire d'une Fille de Ferme	1 vol
479	MAYNE-REID (Capitaine)	Le Chef blanc	1 vol
11.	MENDÈS (Catulle)	Le Roman Rouge	1 vol.
94	—	Le Cruel Berceau	1 vol.
114.	—	Pour lire au Couvent	1 vol.
234.	—	Isoline	1 vol
52.	MICHELET (Mme)	Quand j'étais petite	1 vol.
19.	NOIR (Louis)	L'Auberge Maudite	
95.	PELLICO (Silvio)	Mes Prisons	
6.	PRÉVOST (l'Abbé)	Manon Lescaut	
46.	RICHEPIN (Jean)	Quatre petits Romans	
10.	SAINT-PIERRE (B. de)	Paul et Virginie	
15.	SANDEAU (Jules)	Madeleine	
80.	SARCEY (Francisque)	Le Siège de Paris	
47.	SILVESTRE (Armand)	Histoires Joyeuses	
5.	THEURIET (André)	Le Mariage de Gérard	
79.	TOLSTOI	Le Roman du Mariage	
174.	—	La Sonate à Kreutzer	
3.	**ZOLA**	Thérèse Raquin	1 vol.

Sceaux. — Imp. Charaire.

www.ingramcontent.com/pod-product-compliance
Ingram Content Group UK Ltd.
Pitfield, Milton Keynes, MK11 3LW, UK
UKHW021904260726
13966UKWH00006B/510